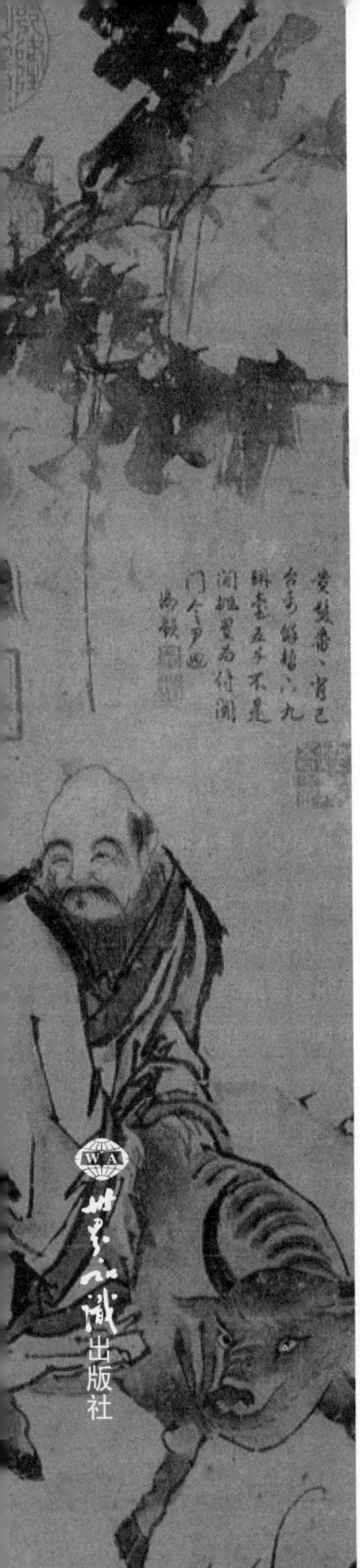

东方智慧
中国思想与思想家
CHINESE THOUGHTS AND THINKERS

刘德斌　杨　军 ◎ 主编

杨　军　卢丙生 ◎ 编著

世界知识出版社

图书在版编目（CIP）数据

东方智慧：中国思想与思想家/杨军，卢丙生编著；-- 北京：世界知识出版社，2012.10

（解说中国/刘德斌，杨军主编）

ISBN 978-7-5012-4358-7

Ⅰ.①东… Ⅱ.①杨… ②卢… Ⅲ.①思想史—中国—古代 Ⅳ.① B2

中国版本图书馆 CIP 数据核字（2012）第 235461 号

书　　名	东方智慧：中国思想与思想家
作　　者	杨　军　卢丙生
责任编辑	王瑞晴　蔡金娣
责任出版	王勇刚　赵　玥
出版发行	世界知识出版社
地址邮编	北京市东城区干面胡同51号（100010）
电　　话	010-85112689（编辑部） 010-65265923（发行部）
网　　址	www.wap1934.com
印　　刷	北京新华印刷有限公司
经　　销	新华书店
开本印张	700×960毫米　1/16　15印张
字　　数	182千字
版次印次	2013年1月第一版　2013年10月第二次印刷
标准书号	ISBN 978-7-5012-4358-7
定　　价	36.00元

版权所有　侵权必究

主编序

中国与世界的关系正在经历一场历史性的变化。这场变化不仅体现在中国与这个世界更为深入地融合在一起,而且也体现在中国对世界和世界对中国认识的变化上。

中国曾经是"东亚病夫",积贫积弱。辛亥革命终结了清王朝的统治,但却没有能够挽救中国沦为西方列强和日本半殖民地的命运,中国在四分五裂中任人宰割一百多年!中国也曾经是"世界革命的摇篮",1949年革命成功,独立、统一(除香港、澳门、台湾外)的新中国先后公开与美、苏两个超级大国相对抗。曾几何时,中国又变成了"世界工厂",为全世界生产物美价廉的生活用品,同时也成为石油、矿石、谷物、汽车、飞机等大宗商品以及各种奢侈品最主要的消费国。无疑,对比过去的"贫弱"和"革命"时代,今日之中国对这个世界是一个更具建设性和开放性的国度,也应该是一个更容易被世界所了解和理解的国度。

但事实上,正是中国这个"睡狮"真正"醒来"并开始"震撼"世界的时候,她却变得更容易被人曲解和误解了。读者不难发现,随着中国的发展壮大,国际学术界和媒体关于中国的看法也变得更加极端,从"中国崩溃论"到"中国威胁论",从"中国责任论"到"中国统治论",应有尽有。当然,也有关于"中国模式"、"中国道路"和"中国经验"等的讨论和探索。改革开放三十年之后的中国成了一个世界之"谜",因为中国用几十年的时间,实现了许多国家需要几个世纪才能实现的时代跨越,没有人能够完全令人信服地解释出个中缘由。围绕这个"谜",世界各国的中国学家都在进行新的探索,世界各主要国家中国学的内涵不断扩大,从事中国学的专业人员也大大增加了。同样在中国,改革开放三十多年来,当不同学科的学者都在学习和借鉴西方的理论和经验，努力构建"具有中国特色的"学科理论或"中国学派"时，蓦然回首，却发现我们现在缺少的已经不是对西方学术理论的了解，而是对"中国故事"的解读，是对中国与世界关系历史与现实关系的新的认知。中国学者与海外学者的中国学研究正在汇聚，无论我们怎么界定，"汉学"、"新汉学"或"中国学"正在以一种新的面貌展示在世人面前。

当然，对迅速变化着的中国的了解和理解不可能也不应该仅仅是象牙塔内顶尖学者的责任，而是应该和任何一种关心中国历史、现实和走势的中国人和外国人的经验联系在一起。在这之中，包括中国的学生、学者和社会各界有识之士，特别是那些肩负重任，走出和即将走出国门以传播中国语言和文化、增进世界各国对中国了解为己任的"文化使者"，也包括那些来到中国或在其他国家以中国研究为专业的外国学人。首批推出的《解说中国》系列丛书，就是为想要深入了解中国的中外读者提供一个对当代中国比较全面的描述。作者不求以惊世骇俗的"高论"制造轰动效应，而是以娓娓道来的方式，把一个承载着几千年文化传统，在经历了灾难深重的存亡危机之后，快速赶超上来的现代中国多侧面地展现在读者面前，让读者自己去思考、交流和判断：什么是中国？中国是一个怎样的国家和民族？中国发展道路的独特性究竟在哪里？中国未来的发展趋势是什么样的？

从历史的眼光看，中国与世界关系的变化才刚刚开始，这种变化的根源和前景可能远远超出我们现在的判断和预期。世界需要认识一个新的中国，中国当然也需要认识一个不断变化着的新世界。《解说中国》系列丛书的作者和编者都是中青年学人，他们是中国与世界关系变化的思考者，也是解读当代中国变迁的探索者。他们愿以自己的作品启发读者的讨论，同时也欢迎有识之士的批评和指正。

刘德斌

二〇一二年十月

目录

绪论

轴心时代（上）
009　变革与创新的时代
014　孔子及其思想
024　先秦显学：儒家
032　先秦显学：道家
043　先秦显学：墨家
049　先秦显学：法家

轴心时代（下）
059　兵家
068　纵横家
073　阴阳家
078　其他各家
083　稷下学宫

独尊儒术的开始
089　罢黜百家、独尊儒术
094　儒学的变迁
101　杂家

104　无神论的先驱

玄学与道教
113　从儒学到玄学
116　玄学与清谈
123　道教源流
130　无神论的发展

佛学弘扬
137　转折到多元的思想界
141　佛教在中国的传播
146　佛教宗派（上）
160　佛教宗派（下）

理学时代（上）
171　儒学的复兴
177　程朱理学
186　张王气学
192　邵朱象数学
196　王安石新学与苏氏蜀学

202　陆王心学

理学时代（下）
209　科举与理学
214　理学的反动：乾嘉考据学
220　理学的反动：明清实学
227　西学东渐至"五四"运动

绪论

德国伟大的思想家雅斯贝斯在1949年出版的《历史的起源与目标》一书中指出，公元前800年至公元前200年之间，尤其是公元前600年至公元前300年间，是人类文明的"轴心时代"，在此时期里，人类在精神文明上取得了重大的突破。在东西方的各个文明中，都涌现出了伟大的精神导师，他们提出的思想原则塑造了不同的文化传统，时至今日一直在影响着人类的生活。

雅斯贝斯所说的"轴心时代"，在中国相当于春秋战国时期，这确实是中国精神文化的第一次繁荣期，也是中国文化的奠基时代，中国后代的各种思想流派都可以在这一时期里找到源头。至战国时期形成的众多思想学派竞相发展、相互激荡的文化盛况，我们称之为"百家争鸣"。

战国时期，在思想界居于主流的是儒家、道家、法家、墨家四大学派。法家思想成为秦国的治国原则，造就了后来秦始皇对中国的统一，但是，出于对秦朝严刑酷法的不满，与西方马基雅弗利的思想具有相通之处的法家学说,在后世一直受到批判。虽然法家仍旧在中国古代的政治生活中发挥着潜在的作用,但作为一种思想学派,法家却逐渐地衰落下去。具有原始共产主义精神的墨家,由于其自身思想的超时代性,在汉朝以后也逐渐凋零。而由儒家发展成的儒学,在汉武帝及其以后2000多年的时间里,一直是中国占统治地位的思想。道家学说以及受其影响的中国最具影响力的本土宗教——道教,却构成了中国文化的主旋律,时到今日,仍对中国人的思维方式有着明显的影响。

儒学、道教,以及经过本土化改造之后的佛教(即汉传佛教或中国式佛教),在历史上被称为"三教",成为中国思想文化的基调。

随着汉代中国大一统的政治格局的确立,中国思想文化的发展也由"百家争鸣"进入到一个融合、提升的时代。汉武帝"罢黜百家、独尊儒术"以后,儒学成为中国官方意识形态。自西汉王朝开始,中国进入了儒学主导中国思想界的时代。

在三国时期以后,与中国的分裂时期相伴随,中国思想界再次呈现出多元互动的景象。一直在民间颇具影响力的道家思想渗入儒学,作为中国思想文化两大主旋律的儒、道思想相互融合、激荡,形成魏晋玄学。"清谈"形式的辩论,刺激思想家们对许多哲学问题进行深邃的、抽象的思考,推动中国思想向更高层面发展。佛教在中国的流行,为中国思想界带来了域外的影响,中外思想文化的互动,也成为中国思想进一步升华的动力之一。虽然这一时期的著作大多没有流传下来,但正是思想界在这一时期所取得的卓越成就,为后来宋明理学的形成、中国佛学的定型奠定了基础。

与战国时期的"百家争鸣"不同,魏晋南北朝时期的思想界,更为关注的是形而上的哲学思辨,而不是政治学理论。

大唐盛世结束了中国长期的分裂时代,但是政治上的统一并未像汉代那样带来思想界的统一。盛唐文化不仅是多元的,而且深受域外文化的影响,呈现出多线发展的盛况。儒学虽然仍旧是官方意识形态,却未能在思想界占据绝对的优势。

正是儒家学者面对各种思想文化的冲击与挑战所做出的积极回应,使儒学得到突破性的发展。儒学在吸纳包括儒教思想在内的各种学说之后,终于形成新的分支——宋明理学。宋代以后,宋明理学一直在中国的思想界居于主导地位。

早在汉代,佛教已经通过西域传入中国,魏晋南北朝的中国大分裂时期,正是佛教在中国的大发展时代。至唐代,佛教不仅已经成为中国信众最多的宗教,而且在经历了持续几个世纪的佛经翻译运动之后,佛教典籍被大量翻译为汉语,佛教思想被系统地介绍到中国,并与中国传统思想相融合,最终形成中国式的佛教,出现了一批具有中国特色的佛教宗派,其中最典型的是禅宗。佛教思想也得到系统的整理,融入中国思想传统,成为中国思想界一种新的独立学问——佛学。

自宋代开始,佛教著名的高僧无不受到儒学思想的影响,而研究佛学也成为知识阶层的新时尚。儒学与佛学已经水乳交融,浑然一体。在此基础上,无论是宋明理学还是佛学,都出现了众多分支和学派各种思潮,异彩纷呈,再一次出现"百家争鸣"的盛况。讲学之风盛行,书院大量建立,都在推动着中国思想文化的传播与发展。

自"轴心时代"中国思想的第一次繁荣开始,中国思想的发展就已经走上了与西方不同的道路。由于深受朴素的唯物主义思想和泛神论的影响,中国的思想家们较少关注神学与纯粹宗教领域的问题,而把着眼点主要放在天人关系、个人修养以及政治哲学方面。在中国古代,哲学思辨一直与个人品德修养与政治、民生相联系,呈现着非常强的实用主义和功利主义的色彩，而不是纯粹局限于形而上的层面。

儒家学者提出，治学的目标和阶段应该是"格物致知、修身齐家、治国平天下"，也就是说对真理的追求，要以加强个人修养和搞好政治为最终归宿，这一原则受到中国知识界的普遍遵奉。宋代儒家学者张载提出的"为天地立心，为生民立命，为往圣继绝学，为万世开太平"，影响深远，也代表着同样的理念，并成为中国知识分子的理想追求。

明朝科举制度的确立，对中国思想的发展而言，不能不说其影响是负面的。科举考试的内容不仅局限于儒家思想，而且更狭隘地，局限于宋明理学的范围，而且是以宋明理学的一支程朱理学作为考试的标准答案。作为一种选拔官员的考试，科举制度无疑发挥着统一思想进而使思想界走向僵化的作用。

作为对宋明理学重视思辨的反动，自宋代开始，讲究"经世济民"的事功学派开始兴起，直至近代，一直是在中国有着重要影响力的学派。事实上，汉语里作为社会科学学科之一的经济学，其名称就来源于"经世济民"这一古老的思想。

也是源自对科举之学的反动，针对科举考试内容的缺乏应用性，明清两代兴起科举之外的"实学"，这也是中国古代思想与政治学密切结合传统的体现；针对科举考试的程式化，明清两代，本着实事求是精神研究传统学术的考据学兴起，到清代的乾隆、嘉庆年间达到鼎盛，因而也被称为乾嘉考据学。时至今日，考据学的研究方法，仍旧是中国人文学科最具特色的研究方法。

但是，就总体而言，明清两代的思想还是呈现出没落的趋势。究其根源，中国社会活力的丧失，使中国的思想界失去了前进的原动力；此外，"三教合一"各种思潮相融合，使东方思想得到升华的同时，中国也在逐渐失去可以刺激其进一步发展的思想文化的差异性与多元性。直到近代，西学东渐，才使这一局面得到改变，在与中国传统思想截然不同的西方思想的刺激下，中国思想焕发出新的活力，也开始经历新的转变，开始了由古代到现代的新转型。

传统并未流逝，而是在与域外传来的新思想相融合的过程中，得到发展、得到升华。从孙中山的三民主义，到毛泽东思想、邓小平理论，不仅可以在西方哲学中找到其源头，也可以在其中发现中国传统思想文化的影子。儒学在当代的复兴，更是中国传统思想与现实接轨的体现，也是中国新时代思想潮流的特色之一。可以说，不能理解中国的传统思想，就不可能真正理解当代中国的思想，也不可能真正理解中国人，更不可能真正读懂中国现实中所发生的一切。

早在汉代，儒学就已经进入朝鲜半岛。唐代以后，宋明理学更是成为东亚各国共同的精神文化财富，中国传统思想成为东亚文化圈的重要内涵之一。在此基础上，东亚各国人民形成了颇具共性的、却完全不同于西方的思维方法和价值取向，这是构成东方社会特殊性的基础。可以说，不能理解中国的传统思想，就不可能真正读懂东亚世界。

那么，现在就让我们开始进入东方思想家的精神世界，去感知他们的所思所想，并由此感知东方文化与中国人的心灵世界吧。

轴心时代(上)

处于"轴心时代"的中国春秋战国时代（公元前770—前221年），确实是中国人在思想文化方面取得重大突破的时代，各种思想流派并起，各派的思想家都在讲学授徒，不遗余力地宣传自己的主张，以期用自己的思想改造社会，对这样一种思想迸发和繁荣的景象，后世称之为"百家争鸣"。这一时期不仅是中国思想文化最为繁荣的时期，更为重要的是，在此时期形成的思想，对此后中国两千余年的发展，产生了极其深远的影响。

变革与创新的时代

春秋战国时期，是各诸侯国之间称雄争霸、割据混战的时代，是中国历史上几次长时间的分裂时期之一，也是中国历史上重要的变革时代。此后秦汉帝国的思想文化和典章制度，都是在春秋战国时代形成，而至秦汉时代最终定型的。

变革首先来自经济方面。

早在中国国家形成以前，黄河流域就已经以农耕为主要的经济模式了。可是在长达千年的时间里，这里的农业始终处于粗放阶段，生产率比较低，人们还不得不依赖畜牧、渔猎、采集野生植物等作为食物的补充来源。自商朝的中后期起，中国的农业开始向精耕农业演进，人们逐渐开始通过人工施肥来保持土壤的肥力，而不必再将土地休耕；知道了选种育种的技术；修建水渠引河水灌溉，以部分地解决干旱问题；农具的材质也由石器、骨器、蚌器向铁制农具转变；不仅发明了犁耕，还掌握了用牲畜牵引犁的播种方法。在种种改革的累积之下，中国步入春秋时代以后，农业生产已经走向精耕农业的发展阶段了。

农业生产率的提高，最直接的后果就是使大量劳动力从农业中分离出来，因而刺激了手工业和商业的发展，也使社会的阶层变得更为复杂。而由此导致的社会财富总量的迅速增加则容许更多的人脱离食物生产，转而从事思想文化和制度文化的建设。当然,财富分配不均的现象也因此而加重,导致出现更为复杂的社会问题和更为尖锐的社会矛盾,这也需要统治者思考,如何进行改革以解决这些新的问题。社会的需求无疑是激发思想的最主要原因之一。

其次,变革主要体现在制度层面。

进入战国时期以后,各国纷纷以君主任命的官员取代世代袭职的世卿;郡县制作为新出现的地方行政体制越来越普及,领主封邑在国土面积中所占比例下降;出现成文的法典、专职的法官,职业化的军队、制度性的税收;政府各机构分工越来越明确;君主以俸禄的形式为官员的服务提供报酬,而不再赏赐他们封地。

研究中国人口史的学者一般认为,夏商周三代,中国的总人口数变化不大,战国时代是中国历史上第一次人口高速增长时期,战国时的总人口至少达到了此前的三倍。这无疑是粗放农业向精耕农业转变带来的直接后果,而人口规模的扩大以及由此造成的人口密度的上升,聚落规模的扩大,正是战国时代各国纷纷进行变法,进行体制改革的根本原因。

农业的发展,人口的增长,使各国君主手中积聚起越来越多的财富,使国家的实力大为增强,因而为统一而进行的战争也就变得规模越来越大,也越来越残酷。战争成为关乎国家兴衰存亡的大事,对战争的理论与技术进行研究,自然也就成为摆在思想界面前的一项重要任务。

再次,教育模式的变革也许是更为重要的。

春秋以前,"学在官府",就是说,教育属于政府垄断的行业,只有贵族子弟才享有受教育的权利,这是贵族阶层特权的一种。春秋时代,传统贵族阶层对社会的控制力在下降,其特权也在逐步萎缩,在这一变化过程中,最重要的一项变革内容就是,开始出现私人办学的现象,由此导致教育向社会各个阶层开放。

传统上认为，孔子是兴办私学的第一人。事实上，这可能是春秋末期一种新兴起的社会现象，当时应该存在过许多像孔子这样私人办学授徒的人，只不过孔子是最早见于记载的，也是在后代最有影响的一位而已。

私学的出现，导致了一个新的社会阶层的出现，这就是"士"。

贵族垄断教育，政府重要职位采取世袭制的时代，受教育者都具有贵族的身份，或者说血统，在接受教育之后，也就成为从政者。普通民众没有接受教育的机会，就像他们也绝不会有从政的机会一样。受过教育的人和没有受过教育的人，是完全分隔开来的两个不同的社会阶层。

可是在私学兴起以后，出现了一个不是出身于贵族的受教育者阶层。更为重要的是，这个阶层的出现，为希望加强君主集权、打破官员世袭体制的各国君主，提供了在贵族之外选拔官员的可能。

事实上，这个新的受教育者阶层也因此具有了从政的机会。这个阶层在当时被称为"士"。

由于新兴的"士"阶层靠的是个人的能力与学识而不是贵族的身份或血统，才获得了从政的机会，因此他们成为各国政府的官员之后，就成为反对传统的世卿世禄体制，推进各国政府体制改革的重要力量。中国最终演进为秦汉时代的中央集权体制的庞大帝国，应该说与此存在密切关系。

并不是所有受过教育的人都有机会从政，但是这种机会的存在，就已经给予私人办学以足够的发展动力了；而私学的发展，导致这个新兴社会阶层的壮大，为思想文化的繁荣奠定了人才方面的基础。

最后应该指出的是，中国文化此时已经积累起足以支撑新突破的知识了。

甲骨文的发现使我们可以确认，商朝已经存在文字。专家们指出，甲骨文已经是一种比较成熟的文字了，在此之前必然应经历过一个从产生到发展的阶段，而不会是在商代凭空出现的。从这个角度说，中国文字的起源应该要早于我们现在所看到的甲骨文所代表的时代。

出现文字，就有了记载思想的可能。古籍中也确实提到，"唯殷先人，有册有典"，就是说，商代不仅有文字，而且已经存在各种典籍。商周两代积累下来的大量典籍，成为思想界取得新突破的知识储备。先秦时代最重要的学派儒家，其创始人孔子就是通过整理前人留下的典籍，最终编定了"六经"，作为其教学授徒的教材；传说道家学派的创始人老子，曾在周朝为官，其重要职责就是管理王室的藏书。

也许，诸侯国的分裂为思想的突破提供了一种特殊的保证。在当时各诸侯国的激烈竞争中，出于对国家安全与发展的考虑，各国君主都在积极地发现人才、提拔人才，而不是采取后来秦始皇那样的钳制思想的政策。从另一个角度说，多个诸侯国的存在，也使各国君主无法采取钳制思想的政策，毕竟其他国家都可以成为潜在的躲避思想钳制的避风港。

春秋战国时代的中国，在各个方面均发生了深刻的变革，急需思想界进行创新，以提供解决新问题的新办法。于是乎，各派的思想家都在喧嚣地四处宣传和兜售自己的主张，各国的执政者也都在思考和比较各种学说，因而造成了"百家争鸣"的局面。

对于春秋战国时期的各种思潮、各种学派，传统上统称之为"先秦诸子"或"诸子百家"。

伟大史学家司马迁的父亲司马谈，曾写过一篇名为《论六家要旨》的文章，认为战国时代最重要的思想流派有"六家"，即儒家、道家、法家、墨家、名家、阴阳家。后人对此加以补充，认为还存在纵横家、农家、小说家、兵家等，但总体说来，我们今天能指实的先秦学派或思潮，最多也不过是十余家的样子，称其为"百家"，不过是形容数量之多、内容之丰富而已。

在此时期的各学派或思潮中，有儒家、道家、墨家、法家这四个学派在当时是影响比较大、比较时髦的学说，它们被称为"显学"，即地位显赫的学说。

孔子及其思想

关于儒家这个学派名称的来源,中国最早的字典,即东汉许慎所编的《说文解字》,给我们提供了一种解释:"儒者濡也,以先王之道能濡其身",就是说,这一学派之所以被称为"儒",是因为他们提倡尊重道德传统以进行自我修养。从儒家的思想学说来看,这确实是其很有特色的重要方面。

"儒"作为称号可能起源很早,有学者认为,"儒"最早是指商代一种负责礼仪和祭祀的官。但是,作为中国历史上重要思想学派之一的儒家,则起源于春秋末期,其创始人是孔子。

孔子(公元前551—前479年)本名孔丘,字仲尼,孔子是对他的尊称。先秦时代对男子尊称为"子",有点儿类似后代称先生。称"子"也不是孔子的专利,中国古人对先秦时代的著名思想家,都是尊称为某某"子"。

孔子出生在鲁国,其家乡在今天中国山东的曲阜。孔子后来也安葬在这里,曲阜也就成为其后裔孔氏家族聚居的地方。孔子后裔居住的孔府,是目前保存下来的仅次于明清两代皇宫的中国最大的古典府邸;安葬孔子及其后裔的孔林,占地3000多亩,有17000多株古树,是中国规模最大、延续年代最长、保存最完整的家族墓葬群。曲阜的孔府、孔庙和孔林,在1994年已被联合国教科文组织确定为世界文化遗产。

孔子的远祖出自商朝的王室,孔子对此很是自豪,在他临终前还曾对

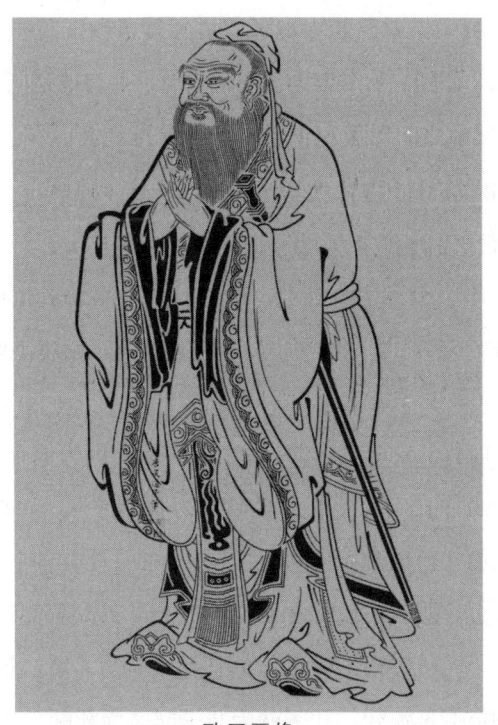
孔子画像

弟子们提到自己这一高贵的身世。商朝灭亡后，周武王封商朝的王子微子为公爵，在今天河南省境内建立了一个国名为宋的诸侯国。孔子的六世祖孔父嘉，出自宋国的王室，曾任宋国的大夫，做过大司马，后来在宫廷内乱中被杀，他的儿子木金父逃到鲁国，并在此定居。

孔子家世高贵，属于贵族阶层，但到他的父亲叔梁纥的时代，家道就已经衰落了。这一方面是贵族阶层没落的社会大环境造成的，但另一方面，也有孔家自身的原因。

孔子的母亲颜征在，不是他的父亲叔梁纥的正妻，而是他的妾。据说，颜征在嫁给叔梁纥的时候只有18岁，而叔梁纥已经72岁了。当然，古书记载的两人年龄未必可靠，但两者之间年龄相差较大当是事实，因为在孔子3岁的时候，叔梁纥就已经去世了，由其母亲颜征在将孔子抚养成人。孔子可能还有几个姐姐，一个名为孟皮的哥哥，都与他是同父异母的关系。按当时的习惯，兄弟之间以孟、仲、叔、季排行，因为孔子行二，所以字仲尼，文化大革命期间贬称孔子为孔老二，也是因为这个原因。

叔梁纥仅仅在鲁国的地方上作过小官，家境并不宽裕，孔子的母亲又处于妾的地位，不会分到多少遗产，因而，在叔梁纥去世以后，孔子母子的处境可能是比较艰难的。孔子后来回忆他年轻时家境不好，可能也与此有关。

孔子的青年时代，家境虽然并不富裕，但是，因为他有着贵族的血统，因而享受到了贵族子弟可以受教育的特权。他后来私人办学授徒，就是把从前只有贵族子弟才可以掌握的知识，传授给来自社会各个阶层的门徒们。

孔子曾为鲁国贵族季孙氏做文书、委吏和乘田等小官，管理仓储和畜牧。在19岁的时候，孔子娶宋人亓（qí）官氏之女为妻，第二年生了一个儿子。鲁昭公派人送鲤鱼表示祝贺，孔子就为儿子起名为孔鲤，字伯鱼。

在孔子30岁的时候，最初的一些弟子来到孔子身边，此后，孔子从事教育事业，广收门徒，不曾间断。相传，孔子有弟子3000人，其中贤能的有72人。

在孔子35岁时，鲁国内乱，孔子不得不离开鲁国到齐国。孔子想借助齐国以图有所作为，以期真正实现自己的忠君尊王、实行仁政、安定天下的政治理想。孔子曾和齐太师谈说音乐，齐景公也曾多次问政于孔子，但最终也未能任用孔子。后来因为齐国的大夫想杀害孔子，孔子无奈之中回到了鲁国。

孔子虽然有很强的参政意识，但在鲁国只做过很小的官，虽曾一度被任命为司寇，但不久就离职了。按传统的说法，他担任这一官职仅仅七天。

因为鲁国的国君不重视他，甚至是不够尊重他，孔子感觉在鲁国难以实现自己的政治理想，所以带领学生开始周游列国，以期寻找到一位能任用他、使他的政治才华得到施展的国君。但是，孔子周游了十几个国家，与各种各样的君主接触，却始终未能如愿。他一度也十分落魄，在陈国、蔡国之间，甚至连吃的都没有了。在他68岁的时候，孔子终于对从政不再抱任何希望，回到山东家乡专心教学，并着手编定了"六经"。

68岁，在今天仍旧是精力旺盛的年龄，但在当时，却已经是很难得的高寿了。直到唐代，大诗人杜甫还有"酒债寻常随处有，人生七十古来稀"的诗句。孔子为了实现自己的政治理想，一直奔波到生命的最后日子，当年纪已超出寻常的老迈之后，才带着满怀的无奈、失落与凄凉回到了故乡。

孔子的晚年致力于学术，但应该说，他的心境可能是充满悲凉的。他的独生子孔鲤，他最喜爱的学生颜回、子路都先他而去，而且子路是惨死在乱刃之下，这都会给已经步入垂暮之年的孔子以巨大的打击。

在孔子73岁的时候，鲁国发现了麒麟，却受到戏弄。史书记载，孔子抱着麒麟失声痛哭，他应当是由此联想到自己的遭遇。这件事对孔子形成相当大的刺激，不久他就去世了。

古往今来，加于孔子身上的美誉数不胜数，最常用的可能就是"至圣先师"这一称号了，对此，孔子可以说是当之无愧的。中国人至今还认为，孔子是中国古代最伟大的教育家。孔子对于中国古代教育最大的贡献在于，他开创了一种新的教育模式，并确立了新的教学体系。

孔子开办私学，采用提问、启发、辅导式的教学方法，这种教学法不仅在中国流行了两千多年，而且影响到周边国家，成为东方独具特色的教学法。

孔子为自己的学生所编定的教材，就是中国两千余年间凡是识字者都要研读的"六经",即《周易》、《尚书》、《诗经》、《礼经》、《乐经》、《春秋》,也简称为诗、书、礼、易、乐、春秋。在乐失传以后,其余五种被称为"五经"。

在孔子的"六经"教学体系中,大体说,诗的教育,是文学修养与外交辞令的培养,书的教育,是对以前的政府文诰的学习,可以看成是从事应用文写作练习。这两者还有一个作用,即用来练习当时的普通话——雅言。礼、乐两科的教育,是孔子对此前教学体系的继承,可能具体内容有所调整。孔子新增加的两种课程,《易》实际上讲的是人生哲学,《春秋》是历史。当然,《尚书》也可以看成是历史书,相对于孔子那个时代来说,《尚书》是讲远古历史的教课书,而《春秋》是近现代史的教课书。六经中还都贯穿着孔子的治国思想与伦理道德思想。

孔子故居

孔子的六经教育，若是用今天的分科来讲，涵盖了历史、哲学、文学、音乐、语言学、政治学、伦理学、思想品德、社交礼仪、应用文写作等方面的内容，几乎涵盖了现代人文学科的所有内容，还既有理论的培养，又有能力的锻炼。应该说，孔子的教育在当时是相当先进的，难怪乎孔子的弟子有的是当时著名的外交家、政治家，也有的是闻名诸侯国的学者，还有的是著名的大商人。

一般认为，"六经"中除了《春秋》为孔子的著作之外，其他五种都是孔子编定的。在孔子去世以后，其弟子回忆他的言论，加以整理，编辑成书，这就是《论语》。《论语》一书中也包含一些孔子的高足弟子的言论，可以说，是孔子及其重要弟子的语录。

《论语》不仅是我们今天研究孔子思想的最重要资料，也是对中国古代影响极大的一种典籍，古人甚至有"半部《论语》治天下"的说法，他们认为能将《论语》的一半内容研究明白了，就能治理好天下了。

孔子所作的《春秋》在西汉以后通行三种注本，就是《左传》（也称《春秋左氏传》），还有《公羊传》、《谷梁传》，都是根据讲解《春秋》的后世学者的姓氏命名的，合称"春秋三传"。《礼经》分三种，《周礼》、《仪礼》、《礼记》，合称"三礼"。"三礼"、"三传"、诗、书、易，再加上《孟子》、《尔雅》、《论语》、《孝经》，也被称为儒家的"十三经"。

宋代以后，将《论语》、《孟子》以及另外两部儒家的重要典籍《大学》、《中庸》合称为"四书"，在此之后，"四书五经"就成为儒家经典的代名词了。记载孔子言论的书还有一部《孔子家语》，但关于其真伪问题目前学者间还存在着争论。

孔子的思想核心，如果用一个字来概括，那就是"仁"。

"仁"是孔子和其弟子反复探讨的一个命题，仁字在《论语》中共出现过109次,可以说,孔子的学说就是仁学。而所谓的仁,就是人与人相处之道。孔子曾说过"仁者爱人",是指人与人相交往的过程中,要本着一颗爱心,以对他人的爱护为出发点,这样才能处理好人生的所有问题。由此可见,基督教所提倡的博爱精神,在孔子的学说中已经占据着相当重要的位置。

有一次,在闲谈时,孔子对他的弟子曾参说:"我的所有学说都可以用一句话来概括啊!"曾参回答:"是。"师生二人的对话到此为止,没有再讨论下去。事后,一些对此表示不理解的孔门弟子来问曾参,孔子的学说可以概括为一句什么话,曾参感慨地说:"就是忠恕啊!"

所谓"忠",是指凡事尽心尽力。而孔子自己对"恕"的解释是:"己所不欲,勿施于人。"就是自己不想做的事情,就不要强加于他人身上。反过来的表述也见于《论语》,即:"己欲立而立人,己欲达而达人",指自己想要有所成就,就应该想到其他人也有着同样的愿望,因而去帮助其他人有所成就;希望自己的人生是通达的,就应该想到其他人也有着同样的愿望,因而去帮助其他人,使其人生过得通达。由此可见,忠恕,就是尊重自己、尊重他人,不仅要勤勉地做好自己的每一件事情,使自己的人生通达地走向成功,也要从关爱他人的角度出发,帮助自己身边的人去实现其人生的梦想。显然,忠恕之道,就是对仁者爱人精神的具体体现。

孔子的学说具有非常强的实践性,他不是和弟子们空洞地讨论一些哲学命题,而是率领弟子们在生活中将他的主张落到实处。

一次,孔子的弟子冉求对孔子说:"我不是不喜欢您的学说,但我个人能力有所不足。"言外之意,他无法在生活中完全落实孔子的主张。孔子不客气地说:"能力不足的人,必然半途而废。而你不是能力不足,是裹足不前。"而孔子非常喜爱的另一位弟子子路,听到孔子的教诲之后,马上就在生活中实践，当他还没有将已经学到的落实之前，他唯恐再听到孔子新的教诲。

在孔子的学说中，很重要的方面就是对其仁者爱人思想的落实，孔子的全部学说正是本着这样一个核心向所有领域展开的。大体说，孔子的学说可以分为两个领域，一是个人修养和伦理道德的领域，一是政治思想领域。

在个人修养和伦理道德的领域，对仁者爱人精神的实践，主要本着由近及远的思想来落实。一个人要做到仁者爱人，首先要做到的是爱自己的亲人，而且是从最亲近的人开始做起，这就是爱自己的父母和兄弟姐妹。在孔子的学说中，爱父母称之为"孝"，爱兄弟姐妹称之为"悌"。因此，儒家将孝和悌视为个人道德修养的根本。

儒家的孝的观念对中国人影响至为深远。西汉的统治者就标榜以孝治天下，所有皇帝的谥号中都带有孝字。儒家的经典《孝经》也就具有了特殊的意义。汉代选拔官员的途径之一是"举孝廉"，以孝顺父母出名的人会被推荐到政府中去做官。后来中国人形成了"百善孝为先，万恶淫为首"的观念，就是受儒家孝的思想的影响。

儒家孝的思想强调，要本着对父母的爱，尽量不要违背父母的意愿，而且要对父母保持敬意，受这种思想影响，中国人形成了不同于西方的家庭伦理观念。时至今日，尽管儒家思想的影响已大为削弱，但中国人在人生的重大问题上往往还是要征求父母的意见，体现的就是不违背父母意愿的精神；中国人不会当面称呼父母的名字，体现的就是对父母的尊敬。

如果说儒家的孝观念很好地解决了家庭内代际之间的关系的话，那么，悌观念就是处理好了作为同一代人的兄弟姐妹之间的关系。如果落实了儒家的孝悌观念，家庭内部，无论是纵向的关系还是横向的关系，就都得到了非常好的处理，家庭内部的关系自然就会是非常和谐的。由做好个人的道德修养，实现家庭内部的和谐，这也就是中国古人所说的由"修身"至"齐家"。

在政治思想领域，孔子说过"君君、臣臣、父父、子子"，意思是，国君要像个国君，臣子要像个臣子，父亲要像个父亲，儿子要像个儿子。国君、臣子、父亲、儿子，都是人生的不同角色，人处于这种角色中的时候，要按着这个角色的要求去行动。如果每一个人都可以加强自己的道德修养，最终做到按照社会对自己的角色要求去行动，那么，人与人之间当然会相处得十分融洽，整个社会也会秩序井然。

孔子曾对他的弟子讲，治理国家要作的第一件事就是"正名"，即规定不同身份的人应有的位置，说得通俗些，就是让不同社会地位、不同身份的人都清楚自己应该是什么角色，这个角色应该如何行动。如果每个人都按行为规范去做，自然天下大治。这也就是中国古人所说的"治国平天下"。

至于如何做才符合个人应该遵守的行为规范，抽象地说，就是儒家提倡的"义"，具体地说，就是儒家提倡的"礼"。

所谓"义"，就是宜，意思是适合、合适，是指人在处理具体问题时，基本原则应该是恰如其分。所以孔子曾经说"过犹不及"，意思是过分和做不到位是一样的，都是不可取的。人在处理具体问题时如何才能恰如其分呢？这就要学习"礼"，也就是儒家提倡的各种行为规范。

对于如何落实自己的思想，孔子主要提出了两种方法。

首先，孔子认为统治者要加强个人道德修养，以身作则，成为大众模仿的榜样，通过这种方法才能使全社会都遵循儒家的思想。孔子自己也正是这样做的，他时时刻刻在为自己的弟子们作榜样，正是在他的人格魅力的感召下，孔子门下才有了众多的弟子，并在他去世以后形成学派，继续宣传他的思想。从这个角度，孔子认为，政治就是一个字"正"，即统治者要端正自己。孔子也强调"信"，强调统治者要取信于民，民众只有信任、相信统治者，才会遵循其所提倡的行为规范。

其次，孔子强调祭祀、重视丧礼，就是以死亡来提醒人们，如果你在人生过程中不遵循这种社会行为规范，你死后的归宿会很不好。在这里，孔子的思想陷入一个矛盾，他要用鬼神观念来督促人实现"义"，可他自己却是不信神的。他从不对学生讲"命"、讲"神"。

由此我们发现，孔子的学说虽然好，可如何将之变成现实，也就是在具体如何操作方面，孔子的方法却是不得力的。孔子周游列国，是要以这种方法从政，实现国家的大治、天下的太平，但是他走了十几个国家，各国的国君都不买他的账，原因就在于此。一句话，大家都觉得实现不了。

孔子虽然一生郁郁不得志，一直没有机会施展自己的政治抱负，但他的学生中却人才辈出，在战国时代，对社会的方方面面都形成很大的影响，儒学也成为天下"显学"。孔子作为教育家的人格魅力，在他去世多年以后才显现出来，而且越来越放射出异彩。

战国时期，为各国统治者采用的学说主要是法家的思想，这在历史上是法家学派最为辉煌的时代，儒家未能为统治者采纳，也没有出过当朝权贵，其之所以能成为当时社会上流行的学说，恐怕很重要的原因就在于儒家的"人多势众"。孔子身后留下了为数众多的弟子，他的弟子中，有很多人继续走老师的路，从事教育，而且非常有成就，在这里，孔子开创的新的教学体制无疑发挥了巨大的作用，使儒家在人才培养方面取得了非凡的成就。也许我们可以说，后来儒家学说能在诸子百家的竞争中胜出，主要是赢在教育。

先秦显学：儒家

儒家是中国历史上形成最早的学派，在孔子去世之后，儒家一方面取得了比较大的发展，成为一种不容忽视的社会力量，另一方面，随着其人数的膨胀、传播的广泛，儒家自身也发生了分裂，出现了所谓的"八家之儒"，就是儒家学说出现了八个分支：子张之儒、子思之儒、颜氏之儒、孟氏之儒、漆雕氏之儒、仲良氏之儒、孙氏之儒、乐正氏之儒。

八家之儒中的孟氏、孙氏，分别指我们下面要介绍的战国时期儒家的大思想家孟子和荀子；子思指孔子的孙子孔伋，因为他的字是子思；其他五家的名称，都源自孔子的某一位弟子或再传弟子。儒学的这五家分支，因为没有著作留传下来，其具体主张我们已经搞不太清楚了。大体说，子张之儒是以孔子的弟子，字子张的颛孙师为代表，其思想倾向于亲民路线，与墨家相似，以至于荀子批判其为"贱儒"。颜氏之儒是以孔子最喜爱的弟子颜回为代表，其学派的最主要特点是安贫乐道，重在下功夫实践孔子的仁德思想。漆雕氏之儒以漆雕开为代表，好勇任侠，属于孔门弟子中任侠的一派。仲良氏之儒，有的说是陈良一派，有的说是中梁子一派，但学者一般认为，这一派兼有曾子的忠孝之学和子夏的重礼之长。乐正氏之儒，可能是指孟子的弟子乐正克，或是指曾子的弟子乐正子春，都是指孔子的再传弟子了。

战国时期，儒家之所以能成为显学，不仅由于儒家人多势众，还因为儒家出现了两位著名的大学者：孟子、荀子。

孟子（公元前372—前289年），名叫孟轲，字舆，鲁国贵族庆父的后裔。在公元前408年，孟子的祖先从鲁国迁居到邹国（今山东省邹县），孟子是在邹国出生的。若从今天的行政区划来说，他与孔子一样，都是山东人。

孟子画像

孟子的人生经历与孔子非常相似，也是在年仅三岁的时候父亲就去世了，由母亲抚养成人。孟子也曾像孔子一样周游列国，先后去过魏国、宋国、齐国、滕国、鲁国，游说各国的国君，介绍自己的思想，以期被采用，但也像孔子一样，没有得到任何国家的任用。孟子晚年，也是在60多岁的时候回到自己的故乡，像孔子的晚年那样，开始著书立说，写成《孟子》一书传世。孟子比孔子还要长寿，在84岁高龄去世，葬于邹国的四基山西麓，即今孟林。

孟子能够成为战国时期著名的学者和思想家，得益于从小他母亲对他学业的督导。据说，为了让孟子自小有一个好的学习环境，他的母亲几次搬家。当他们住在墓地旁的时候，母亲见到孟子和邻居的小孩一起学着大人跪拜、哭嚎，玩起办丧事的游戏，认为不利于他的学业，就搬走了。当他们住在市集旁边的时候，母亲发现孟子又和邻居的小孩学起商人做生意的样子，于是再次搬家。这一次，他们搬到了学校附近，孟子开始变得守秩序、懂礼貌、喜欢读书。他的母亲这才非常满意。这就是在中国流传非常广的"孟母三迁"的故事。

孟子的老师是谁已经不得而知，我们只是知道，孟子的老师是子思的弟子。

子思（公元前483—前402年），名孔伋，字子思，是孔子的嫡孙。关于其生平事迹也不是很清楚，只知道他是孔子的学生曾参的学生。如果我们以孔子为儒家第一代学者的话，那么，子思属于第三代，孟子属于第

孟子故居

五代。可能是因为他的父亲去世后母亲改嫁到卫国的缘故，子思一度迁居卫国，后来又到了宋国，直到晚年才回到鲁国。子思的著作，影响最大的是被后世作为"四书"之一的《中庸》。

据说，孔子晚年有一次黯然叹息，正好在孔子身边的子思就问祖父，他是不是担心子孙不学无术、辱没家门。孔子很惊讶。子思当时表态说："父亲劈了柴而儿子不背回来，就是不肖。我要继承父业，从现在开始就努力学习，丝毫不敢松懈。"孔子听后欣慰地说："我不用再担心了。"

子思继承了孔子的中庸思想，认为人处事应该本着不偏不倚、无过无不及的态度。但同时，子思又将儒家学说推向思辨哲学的新高度，提出，人的喜怒哀乐等情感，在没有发泄出来的时候，人的心是平静的，无所偏倚的，这就是"中"；人在发泄情感时如果能够适度，没有过与不及，这就是"和"。"中"是天下万事万物的根本，"和"是天下共行的大道。如果人生能够实践"中"、"和"的道理，一切都会是和谐的，万物也都各遂其性了。

子思是中国历史上第一个提出人性论问题的学者。他还认为："天命之谓性，率性之谓道"。所谓的"天命"，就是天道、就是客观规律的体现，世界的一切都要按照其本性，也就是客观规律的要求去行动，这就是"道"。子思提出，人的理性应该与客观规律相统一。

至于如何实现自己的主张，子思提出一个新的概念"诚"，就是说，如果人能够做到使自己的纯真本性不受外界的影响，真实地流露，人性与理性合一，趋向于绝对真理，就能够实现绝对的善。

可以说，从哲学思辨的角度，子思将儒家学说向前推进了一步，但从政治实践的角度看，却仍旧与孔子停留在同一个层面。但是，子思的思想对后代的宋明理学的影响是非常明显的。也是因为这个原因，他在后代越来越受到推崇。后人把子思、孟子并称为思孟学派,并认为,子思上承孔子中庸之学,下开孟子心性之论,在儒家学派的发展史上占有重要的地位,元代以后,子思被尊称为"述圣"。

孟子继承子思的思想,也提出自己对人性论的看法。孟子是持性善论的,认为人生来就有四种善性:恻隐之心、羞恶之心、恭敬之心、是非之心;恻隐之心就是仁、羞恶之心就是义、恭敬之心就是礼、是非之心就是智。这四种善性是人先天具备的,只要人向内心反省,就可以使自己先天的善性得到扩展。而对于这四种善性,孟子强调的是仁和义,认为礼、智的作用是为了加强仁、义的重要性。

在政治思想方面,孟子最鲜明的主张就是统治者要施行"仁政",要发展农业生产、轻徭薄赋,使百姓安居乐业,然后再对百姓进行道德教化,能做到这些的统治者,将是无敌于天下的。孟子的名言是:"民为贵,社稷次之,君为轻。"认为人民才是最重要的,国家、政权在其次,而君主则处在更次要的位置上。这是中国最早的民本思想。据说,正是孟子的这种民本思想惹怒了明朝开国皇帝朱元璋,他竟然下令,祭祀孔子时不再以孟子陪祭。

但总的看来,孟子是对中国后世影响非常大的儒家学者,被称为"亚圣",意思是仅次于孔子的圣人。在后世,孟子常常和孔子相提并论,儒家思想因而也被称为"孔孟之道"。但在孟子生活的战国时期,孟子的影响力或许并不比另一位儒家学者荀子要高,因为古籍在提到他们二人时,常常并称"荀孟",是将荀子列在前面的。

荀子(公元前313—前238年),名况,当时人尊称为"卿",因为"荀"与"孙"二字古音相通,所以又称其为"孙卿",战国时期八家之儒中的"孙氏之儒",就是指荀子为代表的儒家学说的分支。

司马迁《史记》称荀子是战国时期赵国人，但我们却不清楚他具体是赵国哪里人，学者对此问题存在着分歧。大体说，荀子应出生在今山西省境内。

关于荀子的生平，我们知道的也不多。他曾经是齐国著名学术机构稷下学宫里最老资格的学者，曾三次担任祭酒。除在齐国讲学外，他也曾回过他的故乡赵国，曾在赵孝成王面前讨论过军事问题。离开赵国后，荀子又曾去过秦国，拜见了秦昭王和当时掌权的丞相范雎。但是，当时是兵家和法家思想盛行的年代，儒家思想在秦国也得不到重视，无奈之下，荀子只好又返回齐国讲学。由于受到诬陷，荀子被迫从齐国出走，投奔了楚国。楚国当时正在招徕人才，鉴于荀子的名望，就委任他为兰陵令，这可能是公元前255年的事情。荀子罢官后也一直住在兰陵（今山东兰陵），并开始著书立说，最后老死在兰陵。传世的著作有《荀子》。

同样作为儒家学者，在人性论问题上，荀子却与孟子大唱反调，提倡性恶论。

荀子认为，人性可以分为两部分，一是"性"，一是"伪"。"性"指的是人的本性，或者说天性，包含各种欲望，是恶的；"伪"指的是经过后天培养而形成的人性，这才是善的。从这里出发，荀子认为，统治者应该知道人的本性是恶的，因此才制定种种礼仪法度，来对人民进行教化，确立起以儒家的仁义思想

荀子画像

为核心的习俗，才能使人改变天生的恶的本性而向善，这也就是所谓的"化性起伪"。

当孟子的性善论逐渐为中国人接受之后，甚至在教育儿童的启蒙教材《三字经》中都提到"人之初，性本善"，应该说，荀子性恶论对中国人的影响是比较小的。

荀子非常重视"礼"。如果我们认为孔子思想的核心是"仁"，那么，孟子思想的核心就是"义"，而荀子思想的核心则是"礼"。

荀子对孔子有关礼的学说进行了改造，重新解释礼的产生及其社会功能。荀子认为，礼的产生是为了调解人们之间因物质需求而产生的矛盾，他的这种认识无疑是更接近客观事实的。荀子也认为，礼是调解社会关系的伦理范畴和标准，在这一点上，他的看法与当时流行的法家学说具有相似之处。因此，有学者认为，荀子的"礼"的思想中，已经包含了法家的"法"的思想。

梁启超认为，荀子思想的突出特点是兼融道家，调和儒法，应该是正确的。

在今天看来，荀子的思想中，最具积极意义的有两个方面，一是荀子提出了系统的认识理论，这在先秦时代是非常难得的；二是荀子提出"制天命而用之"的思想。荀子把天看作是独立于人的自然界，同时强调人能够改造自然，充分强调了作为主体的人对于作为客体的自然环境的主观能动性，彰显了人类创造性活动的作用，这不仅在当时，就是在现代看来，也是颇具积极意义的。

荀子的思想中，包含着许多与儒家精神相冲突的内容。例如，在历史观上，孔子和孟子都是主张"法先王"的，要求统治者取法于古代的圣王，而荀子则强调"法后王"，就是统治者要根据时代的要求确立自己的准则，而不必取法于古代的圣王。在施政方法上，孔子和孟子都主张行"王道"，反对"霸道"，而荀子则主张兼用"王道"和"霸道"。正是由于荀子思想中这些内容的存在，后代学者在荀子究竟属于哪个学派的问题上才产生了分歧。

事实上，战国时代法家的代表人物韩非和以法家思想执政、辅佐秦始皇统一中国的丞相李斯，却都是荀子的学生。显然，荀子的思想具有融合先秦各学派思想的趋势，这也是战国末期思想界的一个新变化。法家的思想逐渐成为各国统治者推崇的治国原则，实践性越来越强，其他各家思想在民间传播，越来越被作为一种纯学术内容加以研究，因而也就出现了诸家思想相融合的倾向。

由于孔子和孟子的远大政治理想一直没有实现的机会，作为流传于民间的学派，儒家学者更常见的社会功能是，在各种典礼上担任类似于现代司仪的"相"，因此，发展至战国后期，重视对各种礼仪琐碎细节的研究，就成为儒家学派另一个明显的变化。谁也没有想到的是，西汉初年的儒生叔孙通，却正是靠着这方面的特长，在非常蔑视儒家思想的汉朝开国皇帝刘邦的面前，为儒家争了一回光。

先秦显学：道家

道家思想的核心可以用一个字来概括，那就是"道"。道家认为，道是宇宙的本源，也是统治宇宙中一切运动的法则。在道家的学说中，道是与其本体论相关的最重要的概念，因此这一学派被称为道家。

道家学派的创始人是老子。据《史记》记载，老子姓李名耳，字伯阳，老子称为老聃（dān），因此被尊称为老子。中国历史上最鼎盛的王朝——唐朝，其皇室李氏家族自称是老子李耳的后裔，因而将与道家有关的道教奉为国教。

老子出生于战国时代的楚国苦县厉乡曲仁里（今河南鹿邑），做过周王室的守藏史，相当于国家图书馆的馆长，后来见周王室越来越衰落，就辞官出走了。据说他骑着青牛，西出函谷关去隐居，守关的将军尹喜知道他是一位大学者，就强求他留下著述才放他西行。老子为尹喜写了5000余字的文章，就是我们今天见到的《老子》这部书。

当年《文汇报》曾经报道，据联合国教科文组织的统计，若论翻译语种最多、发行量最大，《老子》是仅次于基督教的《圣经》的。

后来道教兴起，把老子奉为大神，上尊号为太上老君，他写的书也成了道教的经典，改名叫《道德经》。

老子从函谷关西行之后，谁也不知道他去了什么地方，从此再也没有他的音信了，用司马迁的话来说，就是"不知所终"。

后来，道教与佛教争地位，为贬低佛教，有一位道士编了一部伪书，名叫《老子化胡经》，说老子西出函谷关之后，去了印度，在那里宣传他的思想，教化了释迦牟尼，使释迦牟尼成为佛，并开创了佛教。因为这部书引起佛道两家的大矛盾，被历代王朝列为禁书，很久以前就失传了。但奇迹在于，在敦煌发现的古代经卷中，竟然包括这部久已失传的《老子化胡经》的残卷，使我们见到了多少代古人都看不到的古书。

老子与孔子同时代，但年纪要比孔子大一些。史书记载，孔子周游列国时曾见过老子，向他请教人生的哲理，老子对他说："去子之骄气与多欲、态色与淫志，是皆无益于子之身，吾所以告子，若是而已。"意思是劝孔子去掉骄傲的神态、不要有过多的希望、也不要有过于远大的志向，这些对孔子来说都没有益处，并且老子强调，他所能告诉孔子的就是这些。孔子为实现自己的政治抱负而周游列国，他当时确实怀有过多的希望和过于远大的志向，这些都显得与现实格格不入。可见老子是一位对人生有深刻洞察力的哲人。

孔子曾经向老子请教过关于礼的一些问题，对老子非常敬佩，对弟子们讲起他对老子的印象时说："我们知道鸟能在天上飞，鱼能在水里游，兽能在地上跑。对于能跑的，我们可以捕猎；对于能游的，我们能够打捞；对于能飞的，我们可以射中。至于龙呢，我们就什么也不了解了，只看见它乘着风驾着云飞上天去。我今天见到了老子，就如同见到了龙。"以此来形容老子的深不可测。

孔子是从个人修养方面入手，以期解决所有的社会问题。老子的理论也是从解决社会问题出发，但着眼点却不在个人修养，而是宇宙观。

老子认为，有一种物质，在天地宇宙形成之前就已经存在了，它是孤

《老子骑牛图》

寂的、独一的，它也是不依靠任何其他力量的存在，没有任何力量可以影响它、改变它。它掌握着一切，却不会因此而感到疲惫，它是天下万物的本源。老子说："我不知道它叫什么名字，我给它起了名字叫'道'。"

老子认为，只有道才是绝对真理，任何人为规定的标准都具有相对性。人应该时刻提醒自己，你对事物的认识只是相对的，不具有真理性，这样才能不主观。只有不把自己的主观想法当成绝对真理，才能追随客观真理的脚步，也就是顺从规律对人的要求。

老子说："为学日益，为道日损，损之又损，以至于无为，无为而无不为。"意思是说，学习知识贵在每天都增加新知识，而学习规律最重要的是每天都减少自己的固执，把固执的心态降了再降，最后完全消灭，达到不存在任何个人偏见、完全遵从规律的境界，这就是"无为"，只有达到这种"无为"的境界，人才可以"无不为"，即可以实现任何的人生理想。

也许与老子扑朔迷离的生平和最终出函谷关隐居的归宿有关，传统上都是将老子的"无为"思想理解为不作为，但从上面一段话我们可以发现，在老子的思想中，"无为"只是手段，"无不为"才是目的。老子不是在提倡人们不作为，而是教人学会以一种谦退的方法进取。应该说，这是一种十分精明的处世原则，这对中国人的处世方式影响极深，中国人的谦退，往往正是其进取的手段。

老子从宇宙观谈起，强调人生应该顺从客观规律，从这里出发，他认为，解决社会问题的方法首先是消除有一番作为的想法，也就是"无为"。

老子的人生哲学中还有一个重要观点，"贵柔"，这与"无为"一样，是老子的代表性观点。

有一个传说，孔子见老子请教人生哲学，老子伸了伸舌头，问孔子："我的舌头还好吗？"孔子回答："完好。"老子又张了张嘴，问孔子："我的牙还在吗？"孔子回答："都掉没有了。"老子闭上眼，不再说话了。回来后，孔子的弟子们不解地问孔子，从老子那里得到了什么启发，孔子感叹地解释，老子是以舌头比喻柔弱、以牙代表刚强，以现实生活中的实际例子来证明他的柔弱胜刚强的理论。

老子"贵柔"的人生哲学告诉我们，为人应该像舌头，灵活、不与任何人发生正面冲突，用迂回的办法达到自己的目的，不应该像牙那么固执，对人、对事都硬碰硬。牙与舌头碰了一辈子，每次碰撞总是舌头退让，但最终的胜利者显然是舌头。

老子的人生哲学在治国方面的方法是："以正治国，以奇用兵，以无事取天下"，突出强调统治者要"正"，这是首要的，其次是"无事"。在老子看来，治理国家最重要的是确立正确的价值观，提倡正义，其次是统治者要"无事"，不要多事。这与其无为的思想是一致的，所以后代才把老子的政治学说归纳为"无为而治"。

老子还作过一个比喻："治大国若烹小鲜"，鲜的意思是鱼，老子的意思是，治理一个大的国家，统治者应该像烹饪一条小鱼一样。我们知道，小鱼是非常柔嫩的，入锅之后不能多翻动，否则就炖碎了。治理国家也应该如此，要尽量保证平稳，不要总是搞运动，这才有利于国家的发展。若是统治者今天搞一个运动，明天搞一个运动，就好比总翻动锅里的小鱼一样，必然把国家搞得四分五裂。

西汉初年实行老子的"无为而治"政策，统治者尽量不生事，不干扰农业生产，结果国力迅速从战争中恢复，出现了史学家所赞美的"文景之治"。

关于西汉初年的"无为而治"还有一段趣事。

汉初两大功臣萧何和曹参先后担任丞相。萧何去世，曹参继任宰相之后，他用在公事上的时间很少，整天饮酒。很多公卿大夫、将领们来找曹参商议公事，曹参便招待他们喝酒，直到喝醉了，什么建议也来不及讲，便又回去了。当汉惠帝责备他不作为时，曹参反问："陛下自己觉得，您和从前的皇帝相比，哪一个更英明呢？"汉惠帝说："我怎么敢与先帝相比呢！"曹参又问："陛下看我的能力和萧何比，哪一个更强？"汉惠帝说："你好像赶不上萧何。"曹参说："陛下说的正确。先帝和萧何平定天下，制定好了各项法令，我们只要遵循他们的办法，不用有所作为，不也是可以的吗？"这就是成语"萧规曹随"的来历。

老子还认识到，事物之间有着相互转化和相互依存的关系。用《老子》书上的话来说，是"祸兮福之所倚，福兮祸之所伏"，就是说，祸和福是相互联系的，可以相互转化的，在祸中有福，在福里有祸。应该说，这种思想是非常具有辩证精神的。

运用这个观念，老子在解释社会现象时，进而提出了柔弱胜刚强的命题。老子认为人和万物草木在生时柔弱，在死后却刚强，因此刚强是属于将要死亡的一类，而柔弱的则会蒸蒸日上。因此，至善的柔应当像水那样，善于帮助万物，却不与万物竞争。人应该理解，天下最柔的东西，能在最坚硬的东西中穿梭往来。这种柔弱胜刚强的道理，实际上是指新生的弱小事物必定会战胜腐朽而庞大的事物。中国人非常推崇水滴石穿的精神，应该说，就是受老子思想影响的体现。

还需要指出的是，老子的思想与孔子的思想有相似的地方，也有相对立和相辅相成的地方，二者结合，就是东方哲学精髓的体现。在历史上，儒道两家的思想一直构成中国思想文化的主旋律，应该说，是有着深层次的原因的。

道家虽然也是先秦时代的显学之一，但老子的思想在先秦时代影响不是很大。可是西汉初年的统治者欣赏他的思想，再加上东汉以后道教形成，老子的思想逐渐成为中国古代流行的思潮之一。到魏晋南北朝时，研读《老子》甚至成为知识阶层的一种风尚。

一般认为，老子之后，道家第一位代表人物，就是逼着老子写书的函谷关守将尹喜，后来也被称为关尹子。但流传的一些有关尹喜的记载，大多是后代的好事者的编造，是当不得真的。我们只能说，关于这个人的生平已经无从考究，其思想就更是无从谈起了。传世的《关尹子》一书也不是他的著作，而是唐宋间人的托名之作，是一部伪书。倒是《吕氏春秋》和《庄子》两书中，保存了一些关于他的只言片语。

有一个尹喜教列子射箭的故事，很值得玩味。

有一次，列子射中了靶子，便兴冲冲地跑去问尹喜："我学得差不多了吧？"尹喜问："你知道你为什么可以射中靶子吗？"列子摇摇头说："不知道。"尹喜说："不知道，那还能算学会射箭了吗？"于是列子又学了三年，当他再去请教尹喜时，尹喜还是那个问题："现在知道你为什么可以射中靶子了吗？"列子回答："知道了。"尹喜说："好，我现在就问你，如果敌人骑在马上，而你却站在地上，那你会怎么对付他？"列子回答："我会先射马的脚，让敌人从马上滚下来，然后瞄准敌人，搭弓射箭。"尹喜说："好，现在可以了。以后记住了，要记住之所以射中的道理，千万不要违背它。"

列子，名寇，又名御寇，郑国圃田人（今河南省郑州市）。一般认为，他是尹喜的学生，从尹喜那里继承了老子的思想。

列子一生安于贫寒，致力于道德学问。隐居郑国40年，清静修道，著有《列子》一书。但现在传世的《列子》恐怕不是原作，而是晋朝人的托名之作。

相传老子还有一位学生比较有名，被尊称为文子，姓辛，名计然。他与孔子是同时代的人，但比孔子年龄要小，还曾经向孔子的学生子夏和墨家学派的创始人墨子请教过学术问题。著有《文子》一书。

文子的生平也不是太清楚，大体是游学于楚，去过齐国，将兼融仁义礼的新的道家思想带到齐国，开创了齐国的黄老之学，后来又曾去过南方的吴国和越国，并在南方隐居。最后也和他的老师老子一样，"不知所终"。

文子最引人关注的是他的经济学思想。

相传越国被吴国打败之后，文子传授给他的学生范蠡七项计谋，去协助越王勾践。范蠡才用出五项，越国就已经迅速地富强起来，灭掉了吴国。范蠡慨叹道："老师教我七项计谋，才只用了五项就灭掉了敌国，我要将其他的两项用来治家。"于是从越国辞官，隐居在陶地，自称陶朱公，用文子传授的计谋经商，最终成为富可敌国的大商人。

司马迁《史记》中记载了一段文子论贸易的话："腐败而食之货勿留，无敢居贵。论其有余不足，则知贵贱。贵上极则反贱，贱下极则反贵。贵出如粪土，贱取如珠玉，财币欲其行如流水。"大致意思是，在贸易中，易于腐烂变质的货物千万不要积压，不要因为其市场价格高就加以屯积。只要辨别货物是充足的还是不足的，就可以预知货物的贵贱。任何商品价格上升到顶点之后必然降价，价格降低到极点之后必然涨价。一种货物价格高的时候就要迅速出货，就像对待粪土那样毫不吝惜；一种货物价格低的时候就要马上进货，就像看待珠宝那样地重视。在经商时，最重要的是使货币像水一样处在不断的流通之中。显然，文子的这些商业思想，在今天也仍旧具有借鉴意义。

在战国时期，道家最著名的代表是庄子。

庄子（约公元前369—前286年），姓庄，名周，字子休，宋国蒙人（今安徽亳州蒙城）。庄子曾做过漆园吏，生活贫穷困顿，却鄙弃荣华富贵、权势名利，力图在乱世中保持独立的人格，追求逍遥的精神自由。据说，楚威王曾派人带上厚礼去邀请庄子为楚国宰相。庄子以宁愿作淤泥里嬉戏的活乌龟,也不愿意为庙堂用以卜卦的死龟为理由,拒绝了楚威王的邀请。他一生淡泊名利,主张修身养性,清静无为,顺应自然,一直过着深居简出的隐居生活。

庄子留下了《庄子》一书,这是公认的战国时代最优美的说理性散文,文笔纵横恣肆,想象力丰富,很有浪漫主义色彩。单从其各章的标题看,就有着超越同时代学者之上的飘逸美感。

庄子画像

传说,庄子的妻子去世,惠施去吊唁,却看到庄周岔开两条腿坐在地上,正敲着瓦盆唱歌。惠施说:"你的妻子跟你过了一辈子,给你生儿育女,把他们抚养成人。现在她死了,你不哭她也就够可以了,还敲着盆子唱歌,这不是太过分了吗?"庄周说:"不是这样,她刚死的时候,我怎能不伤心呢。可我考虑到世上最初本来没有生命,不只没有生命,就连形体也没有;不只没有形体,就连气也没有。后来在浑沌之中,变化而产生出气,气再变化而产生形体,形体再变化才产生生命。现在又由生变到死,这同春夏秋冬四季变化运行一样自然。人死了,在天地之间,就如同睡在大屋子里一般安稳,可我还要嗷嗷地哭她,我认为这是不懂得天命的自然变化,所以我就止住了哭声。"也许这个故事最能体现庄子对人生、对生命的理解。

庄子的哲学主要接受并发展了老子的思想。他认为，"道"是超越时空的无限本体，它生于天地万物之间，而又无所不包，无所不在，表现在一切事物之中。然而它又是自然无为的，在本质上是虚无的。

在庄子的哲学中，"天"是与"人"相对立的两个概念，天代表着自然，人指的是人为的一切，与自然相背离的一切。"人为"两字合起来，就是一个"伪"字。庄子主张顺从天道，而摒弃"人为"，摒弃人性中那些"伪"的杂质，从而与天地相通。

在庄子看来，真正的生活是自然而然的，因此不需要刻意去规定什么，也不需要去进行政治宣传、礼乐教化、仁义劝导等一些伪的东西。在这种思想指导下，庄子反对儒家的以仁义治国和法家的以刑罚治国，与老子一样，主张无为治国，任其自然。君主要宽容无私，处事顺其自然，这样天下才能大治。

但是，在庄子的思想中，渐渐失去了老子思想中那种有为的精神，不再强调以"无为"作为手段，来达到"无不为"的目的，而是把无为、养生当成了目的。他把老子的辩证法发展为否定存在评判事物的客观标准的不可知论，把老子的无为发展为追求与世无争的自我存在的避世主义，其消极性是不言而喻的。

庄子的消极避世，自我放纵，再加上他浪漫主义的文笔，都促使人们对他形成某种神秘主义的印象，给后人留下更多想象的余地，后来流传有很多关于庄子的传说。

有一个传说，说庄子梦见自己成了蝴蝶，在百花丛中自由自在地飞翔，后来，他甚至弄不清楚，到底是庄周变成了蝴蝶，还是蝴蝶变成了庄周。唐代大诗人李商隐的《锦瑟》诗中有一句是"庄生晓梦迷蝴蝶"，就是用的这个典故。

还有一个传说，仍旧是用庄子的妻子来作比喻，说庄子与他的妻子相约，他死后，坟土干了之后，他就可以改嫁。后来庄子假死，看他妻子的表现，可当他回来时，却见他的妻子正在用一把扇子扇他的坟。

庄子是老子之后道家学派最重要的代表，因此后世将他和老子合称"老庄"，道家的哲学也被称为"老庄哲学"。

在唐代，《老子》也称《道德经》，《庄子》也称《南华经》，《列子》也称《冲虚经》，《文子》也称《通玄经》，道家的四部著作，同时也被道教视为四大经典。唐王朝还曾设置博士、助教讲习这些经典，并将之列入唐代的科举教育体系。

先秦显学：墨家

墨家是先秦四大显学中，唯一一个用创始人的姓氏命名的学派。

墨家学派的创始人是墨子（公元前468—前376年），姓墨名翟（dí），鲁国人，用今天中国的行政区划来说，与孔子、孟子是同乡。在墨子的年轻时代，儒家学说是这一地区占主导地位的学说，很流行，墨子年轻时也曾跟随儒家的学者学习。但是，他对儒家所提倡的繁琐礼制极为不满，最终另辟蹊径，聚徒讲学，开创了墨家学派，成为儒家的主要反对者。

现存《墨子》一书共71篇，显然是出自众人之手，而且很多篇是有目无文的，可见散失严重。前51篇是讲墨子的思想与政治主张的，自第52篇《备城门》以下，讲的都是攻防等具体战术与战争用具。

墨子画像

关于墨子生平的记载也比较少，其中最有名的是"墨子救宋"的故事。

被后代奉为木匠祖师的鲁班发明了攻城用的云梯，楚国的国王认为，这种新发明是无往不克的最有效武器，因此准备发兵进攻宋国。墨子赶到楚国劝阻，为了证明云梯的无效，当着楚王的面，他与鲁班玩起了攻城游戏。鲁班进攻，墨子防守，鲁班攻了九次，全都被墨子打了回去，鲁班攻城的手段已经全部用完了，而墨子防守的方法却绰绰有余。鲁班说："我还有一个方法能够对付你，但我不说。"墨子说："我知道你要用什么方法来对付我，我也不说。"楚王糊涂了，问他们什么意思。墨子说："他最后的方法不外是让您杀掉我，以为这样就没有人帮助宋国守城了。他哪里知道，我来之前，已经将300名弟子派往宋国协助守城，他们每个人都非常熟悉我刚才用的各种守城方法。"听了墨子的话，楚王最后决定不再攻打宋国。

这个故事反映了墨子思想中非常重要的一个方面——"非攻"，就是反对战争。

墨子所处的战国时代，正是中国割据混战最为严重的时代，战争的规模以及所带来的灾难，都是空前的。应该说，墨子明确提出"非攻"的思想，并身体力行，尽自己的一切可能去制止战争的发生，是切中时弊的。

但是，墨子思想的核心不是"非攻"，而是"兼爱"，用墨子的话来说，人与人之间要"兼相爱，交相利"，就是每一个人都应该去爱所有的人，每一个人都应该去帮助所有的人。

与孔子提倡的仁者爱人不同，墨子提倡的兼爱，最大的特点是对所有人的无差别的爱。因此，孟子曾经批判墨子这种思想是"无父"，就是眼里没有父亲，在孟子看来，如果人们真的按照墨子的兼爱精神，达到对所有人的无差别的爱，那么，对自己的父亲与对一个陌生人的爱岂不是一样的？这对于养育自己的父亲能说是公平的吗？如果全社会都是如此，人类的家庭伦理岂不是荡然无存，人和动物的区别又在哪里呢？因此，孟子甚至骂墨子是禽兽。

但是，孟子恐怕是误解了墨子。墨子的兼爱，我们应该更多地理解为一种为了全人类、为了全世界的精神。因此，孙中山说过："古时最讲'爱'字的莫过于墨子。"对于墨子的兼爱思想还是持肯定态度的。

墨子的兼爱思想，讲的是无差别地爱所有的人，与基督教提倡的博爱有相似之处。但是，当代学者赵士林指出，两者的根本差别在于，基督教提倡的博爱是无条件的，超越功利的，《圣经》上说上帝就是爱，人要响应上帝的号召，服从上帝的命令，无条件地去爱所有的人。而墨子提倡的兼爱，虽然也是提倡爱所有的人，但最终的目的却是功利的，是为了使所有的人、使社会由此而获得益处。可以说，基督教的博爱是为爱去爱，而墨子的兼爱则是为利去爱。

墨子还说过："虽有贤君，不爱无功之臣；虽有慈父，不爱无益之子。"这就已经将爱完全地功利化了，事实上，墨子这里所说的爱，是否还能称其为一种爱，都是值得思考的了。这种爱以功利为转移的思想，已经与法家的主张非常接近了。

正是从兼爱的思想出发，墨子还提倡非攻、尚贤、尚同、节用、节葬。尚贤，就是让贤能的人来治理国家，选贤任能。尚同，即上下一致，它体现了一种高度的中央集权制，也指惩恶扬善的治国方法；节用是反对奢侈；节葬是反对厚葬。

墨子的思路是这样的，为了落实爱所有人的目标，在社会领域，就要有文明的政治，就要惩恶扬善，灭歪风、扶正义，就要制止战争，因而提倡尚贤、尚同、非攻；在个人生活方面，就要反对奢侈浪费，而厚葬正是当时最典型的奢侈浪费，因而提倡节用、节葬，认为只有这样才能解决当时社会的普遍贫穷问题。应该说，墨子的这些思想都是有积极意义的。

但是，在如何使自己的主张全面落实上，墨子除了以身作则、身体力行之外，还提出了"天志"、"明鬼"的思想，认为天和鬼神都保佑那些实践兼爱思想的人，是用超人力量的信仰来落实自己的思想，这显然也表现出墨家学说的某些局限性。

墨子所处的兼并战争日渐激烈的战国时代，决定了兼爱本身就是一个不切实际的幻想，所以墨家的其他主张在很大程度上也就具有不可操作性。这也是墨家思想一直得不到统治者重用的重要原因之一。

就整体而言，墨子的学说具有比较强的实践性，哲学思辨的成分不多。荀子曾说，墨家的思想没有什么深厚的理论基础，这一评价可以说是基本准确的。墨子的主张多是从现实社会中存在的缺点、问题出发，一切只为解决问题，不考虑其主张是否是真理。但是，也正是由于如此，墨家思想在当时有很多的信从者，特别是在下层群众之中。

墨子生前，墨家学派取得了相当大的成功，这主要是与墨子个人的人格感召力有关。就连骂墨子是禽兽的孟子也承认，"墨子兼爱，摩顶放踵利天下"，认为墨子为了实现自己的兼爱思想，头都操劳得秃了，脚后跟都走得磨烂了，但还是在义不容辞地坚持着。古人对墨子的评价基本是，他太清苦、对自己的要求太严格，一般人是很难做得到的。

正是墨子的这种伟大的人格，感召了许多人，甘愿追随他为天下苍生而奔波。以此为基础，墨家在许多诸侯国中都建立起自己的社团，其首领称"钜子"，内部组织严密、纪律严明。

有一个故事，很能体现墨家的严于律己精神。

相传，秦国一位十分著名的墨家钜子，他的儿子杀了人。秦惠王对他说：

先生您年纪也大了,而且只有一个儿子,我已经命令官员们不要判他死罪了。但是,这位钜子却认为,他的儿子违背了墨家的精神,最后还是按墨家的家法处死了他。对于墨家来说,墨家之法所表达的"天下大义",是任何人不可违背的。这也反映出墨家社团组织的严密和纪律的严明。

战国时期,墨家学说在民间的影响,一度甚至在儒家之上。墨子死后,墨家学派也发生了分化。有相里氏之墨、邓陵氏之墨、相夫氏之墨。

墨家三派的划分主要与所处的地域有关。相里氏之墨在西部,靠近秦国;邓陵氏之墨在南部的楚国,相夫氏之墨在东方的宋、鲁、齐等国,是墨家思想的诞生地,东方之墨直接承袭墨子衣钵。此外,三方之墨各有所专,南方之墨善辩,西方之墨重实践,东方之墨善讲学。其中,西方之墨最为盛行,对战国后期的秦国产生过深远的影响。

整体而言,此时期墨家的思想也发生了一些变化,尤其是抛弃了墨子的鬼神论,把唯物主义哲学和科学紧密的联系在一起。另外,发扬了墨子重视实践的特点,承认物质世界的可知性,克服了狭隘的经验论的错误。其重视经验与实践的双重逻辑性,形成了中国古代第一个比较完整的逻辑体系。

后期墨家思想虽然发生分化,但是也可以明显的分为两支,一支是"墨家后学",也称"后期墨家",注重认识论、逻辑学、几何学、几何光学、静力学等学科的研究。

三方之墨中的大部分应该都属于这一支。另一支则完全走向了另一个方向——游侠。

为了实现墨家的兼爱精神,墨家在实践中经常以锄强扶弱、打抱不平为己任,这使墨子被后人视为侠者之祖。可以说,正是墨子的兼爱精神,造就了中国古代的侠义精神,造就了中国秦汉时期的侠文化。《史记》中就有一篇《游侠列传》，可见其在当时中国社会的影响力。

可惜的是，墨家兴起的迅速，衰败的也很快。战国末期，墨家已经衰微，至西汉之后就基本消失了。

先秦显学：法家

作为先秦四大显学之一，法家主张依法治国，并提出一套完整的理论和方法，是一门以研究统治方法为出发点的学问，因而被后人称之为法家。

有学者认为，法家思想的先驱者可以追溯到春秋时期的子产，但作为一个学派，法家的出现应该说还是战国时期的事情。在战国前期，法家的代表人物有商鞅、申不害、慎到等人，对法家思想的完善和发展起到了至关重要的作用；到战国末期，韩非堪称是法家思想的集大成者，确立起完整的法家理论体系，为建立中央集权、君主专制的国家提供了有效的理论依据，是秦、汉及以后历代王朝建立集权体制和国家法律体系的思想源泉。

商鞅（公元前395—前338年），卫国人（今河南安阳市内黄梁庄镇一带），是卫国王室的后裔，姓公孙氏，因此也被称为卫鞅或公孙鞅，后来因为他的封地在商地，才被称为商鞅。

商鞅年轻时受李悝、吴起等人的影响很大，喜好刑名之学，后来成为魏国宰相公叔痤的家臣。公叔痤病重时对魏惠王说："公孙鞅年少有奇才，可任用为相。"发现魏惠王没有任用商鞅的意思，公叔痤又对魏惠王说："您如果不任用公孙鞅，就一定要杀了他，不要让他离开魏国，为其他国家所用。"魏惠王走后，公叔痤将此事转告商鞅，并要他赶快离开魏国。他对商鞅说："出于对君主的忠心，我不能不劝魏王杀了你；出于对朋友的关爱，

商鞅画像

我不能不将此事告诉你。"但商鞅断定,魏惠王既然不能听从公叔痤的建议,任用自己为丞相,自然也不会采纳公叔痤杀死自己的建议,因此他并没有立刻离开魏国。

后来,商鞅听说秦孝公雄才大略,便携带李悝的《法经》到秦国去。通过景监的介绍晋见孝公,商鞅畅谈变法治国之策,秦孝公大喜,决定重用商鞅。此后,商鞅在秦国执政19年,进行变法改革,使秦国国力迅速上升,为此后秦国统一中国奠定了坚实的基础。这就是在中国历史上非常有名的"商鞅变法"。在战国时期进行变法改革的各国中,秦国在商鞅领导下的变法,是成效最为卓著的。后人将商鞅的言论汇编整理,成为《商君书》一书。

公元前356年到公元前350年,商鞅先后进行了两次变法,其主要内容是确认土地私有，实行郡县制，鼓励农业生产，提倡军功，实行连坐法等，从此确立了中国古代以耕战立国的基本原则。

公元前340年，商鞅率秦军击败魏国公子昂将军，魏国不得不将河西之地割让给秦国。此时魏惠王悔恨不已，说："寡人恨不用公叔痤之言也。"商鞅因此在秦国受封为商君。

但是，商鞅在秦国推行严刑酷法，也为自己埋下了祸根。公元前338年，秦孝公去世，秦惠文王即位，公子虔告发商鞅谋反，商鞅被秦惠文王处以车裂之刑，并被灭族。尽管商鞅本人被残忍地处死，但是其变法改革的成果却在秦国保持下来。

在商鞅的思想中，最鲜明的特征是强调"缘法而治"，就是要建立一套符合现实社会的法令制度，执法平等，认为这是治理国家的第一要务。商鞅非常强调令出必行，信赏必罚，以及重刑，通过这种手段以保障法律得到认真的执行。商鞅要用法取代儒家提倡的礼，作为规范社会行为的准则，而实现法的方法，也与儒家实现礼的方法不同，不是靠统治者以身作则和宣传提倡，而是靠严刑峻法，通过严惩不遵守者，使法的内容得到全面的执行。

应该说，商鞅的思想内容并不复杂，而其落实这些思想的办法又是非常的行之有效，立竿见影，这也是法家学说共同的特点。法家学说受到战国时期各国君主的青睐，这是非常重要的原因之一。

与商鞅为同时代人的另一法家著名代表人物是申不害（公元前385—前337年），也被尊称为申子。

申不害生于郑国京邑（今河南省荥阳东南京襄城），年轻时学的是道家学说，曾在郑国作过小官。公元前375年，韩国灭掉郑国，申不害又在韩国担任下级官吏。

公元前354年，魏国出兵伐韩，申不害审时度势，建议韩昭侯执圭去见魏惠王，示之以弱，表示敬畏之意，这使韩国得以解围，申不害开始受到韩昭侯的重用。公元前353年，魏国又起兵伐赵，包围了赵国都城邯郸。赵成侯派人向齐国和韩国求援。申不害劝韩昭侯联合齐国，伐魏救赵，迫使魏军回师自救，从而解了赵国之围。韩昭侯也因此发现，这位"郑之贱臣"，原来是难得的治国人才，于是力排众议，在公元前351年，破格拜申不害为相。从此，申不害在韩国担任丞相长达15年。

申不害在韩国进行变法改革，虽然不像秦国商鞅变法那样，搞得轰轰烈烈，但是成效也是极其显著的。在其执政期间，韩国的君主专制得到加强，国内政局稳定，贵族特权受到限制，百姓生活渐趋富裕，国力有明显的提高，最终成为与齐、楚、燕、赵、魏、秦并列的战国七雄之一。

申不害不仅强调法，更强调"术"，即君主驾驭群臣的方法。术还可以分为阳术和阴术。阳术是指君主任命官吏必须名实相符，根据人的能力授官，并对群臣进行监督、考查、防范，以保证政府的行政工作效率；阳术是可以公开的。而阴术则是君主监控大臣的那些不可以公开的办法。

另一位法家的代表人物是慎到（约公元前395—前315年），他可能与商鞅生于同一年，是赵国人。

与申不害一样，慎到早年学习的也是道家学说。在齐宣王时，他曾长期在齐国的稷下学宫里讲学，有不少学生，在当时享有盛名。他对法家思想在齐国的传播做出了贡献。公元前284年，慎到离开齐国来到韩国，任韩国的大夫。慎到著有《慎子》一书。

慎到主张"民一于君，事断于法"，即百姓、百官只听从君主的政令，君主则必须完全依法行事。立法权要集中在君主手中，各级官吏要严格地遵守法律和执行法律，即"以死守法"。百姓则要接受法令的规定，按法做事。慎到认为，只有这样，才能实行法治，并取得功效。在执法的过程中，慎到提倡公平执法，反对人治，认为法治比人治优越，甚至说不好的法律也比没有法律好。

在前期法家中，慎到以强调"势"著称。慎到认为，君主只有掌握了权势，才能保证法律的执行。如果有了权势，即使像夏桀那样昏庸残暴，命令也能得到执行；如果没有权势，即使像尧那样的贤德，百姓也不会听从命令。可见，慎到重视"势"，实际上是重视法律的体现，是为了保证法律得到执行。慎到反对儒家主张的德治，认为那样不可能使法律贯彻执行，会产生很多弊端。

慎到的驭人之术有两条："尚法不尚贤"和"君无事臣有事"。

慎到也反对墨家提倡的尚贤，但他并不反对任能。在慎到看来，能与贤，是两个不同的概念：能指技术性的人才，贤是道德和政治的范畴。慎到认为，国家固然要任用技术性人才以处理具体的政务，但更重要的是确立依法治国的精神，而不要依赖于所谓的贤人来治国。

慎到也提出，君主要有得当的驾驭臣下的办法，其中重要的一点是，君主不要事必躬亲，去处理具体的事务性工作，而要把这些交给臣下去负责。在用人方面，慎到提出"不用忠臣"，即不任用那些仅有忠心却没有实际能力的臣下。

法家思想主要包括政治思想和哲学思想两个方面，最具建树的是其政治思想。

法家的政治思想，核心是法、术、势等三个概念，法是指政府颁布的成文法，术是指君主驾驭群臣的手段，势是指君王的权威。在上述三位法家早期的代表人物中，商鞅强调的是法，申不害强调的是术，慎到强调的是势。

法家认为，发展至春秋战国时期，从前规范社会行为的工具礼和刑都已经不再适用了。孔子说的"礼崩乐坏"，指的就是这种社会没有规范的现象。法家所提出的新规范就是法。因此，法家推崇成文法，认为法律应向百姓公开，并以强制力要求所有的人遵守。虽然法家强调的"法治"还不是现代意义的公平，但相对于之前的贵族专制已经是极大的进步了，这是法家思想最重要的贡献。

　　法家的哲学思想主要体现在历史哲学上。

　　不同于儒、道、墨三家怀念旧时代的倒退的历史观，法家相信历史是向前发展的，每个时代的变化都有其不得不变化的原因，要看到时代的进步，努力为社会建设新的规范。可以说，这是一种朴素唯物主义的历史观，在这一点上，相对于同时代的其他学派，法家无疑是进步的。

　　至战国末期，法家出现了一位集大成的学者，这就是韩非（公元前281—前233年）。韩非也被尊称为韩非子，出身于韩国的王室，其代表作是《韩非子》。

　　大约在公元前255年至公元前247年之间，韩非和李斯一起，进入儒家大师荀子门下，学习"帝王之术"。公元前247年至公元前234年之间，韩非多次上书韩王，但韩非有口吃的毛病，文章虽然优美，语言表达能力却较差，因此韩王没有任用韩非。后来，《韩非子》一书传到秦国，秦王嬴政读后大为赞赏，以为出自古人之手，慨叹道："我若是能见到这位古人，与他交往，虽死无遗憾了。"在得知韩非是当世人之后，嬴政大惊，不惜以战争相威胁，要求韩国把韩非送到秦来。韩非来到秦国之后，深受嬴政的赏识，但却遭到李斯与姚贾的忌妒，最终因受到陷害而入狱，在狱中被李斯派人毒死。这个秦王嬴政，在韩非死后11年最终统一了中国，成为在中国历史上大名鼎鼎的秦始皇。

韩非画像

韩非继承了荀子的性恶论,认为人是自私、自利的,道德是虚伪的,靠道德对社会、对人进行规范是没有实质性意义的。因此,韩非主张废除礼乐、崇尚法治,用法来规范百姓,使其对法律产生畏惧感,由此达到规范社会行为的目的。

在总结商鞅的法、申不害的术、慎到的势的基础上,韩非提出法、术、势相结合的帝王之道。韩非认为,法是实行统治所要遵循的准则,术是统治者进行统治的策略和权术,势是实行统治的前提和基础,只有将三者合一,法、术、势互为所用,才能确保统治的实行。

韩非子的思想为即将到来的统一的秦帝国奠定了立国的思想基础,即使在汉代确立儒家学说为官方思想之后,以韩非的思想为代表的法家学说,也一直是历代统治者暗中运用的治国原则之一。

在韩非去世之后,他的同学、也是害死他的幕后主谋李斯开始成为秦国政坛上叱咤风云的人物。

李斯（公元前280—前208年），楚国上蔡人（今河南省上蔡县西南）。早年曾在楚国上蔡郡担任小吏，主管文书资料。后来与韩非一起从学于荀子，最终西入秦国，投靠了权相吕不韦。公元前243年开始得到重用，最终协助秦始皇统一中国，废除分封制，推行郡县体制，进行统一文字、统一度量衡、统一货币制等改革。在公元前213年，建议销毁民间所藏《诗》、《书》等百家之学，又提议坑杀儒生，制造了中国历史上著名的"焚书坑儒"惨剧。在秦始皇死后秦二世统治时期，李斯受赵高陷害，被腰斩于咸阳，并被灭族。

李斯虽然没有什么独到的思想理论，却是法家思想最积极的、最有成效的实践者。正是在李斯的努力下，统一的秦帝国成为一个按照法家的理念建立起来的新型国家，其所确立的政治体制，对此后的中国影响深远。

但是，李斯也将法家重视法的理想推向极端，走向实行严刑酷法的道路。李斯还有着极强的功利主义色彩，一切都是从实际利益出发的，为达目的，不择手段。这些都为秦国的迅速灭亡埋下了祸根。

战国时期是法家最为辉煌的时代，各国统治者都或多或少地受到法家思想的影响，或是采取法家的理念执政。在中国历史上非常有名的战国变法运动，就是指各国都在法家思想指导下进行过一系列的改革，而正是这种改革，完成了中国向集权君主制国家的转型。从这个意义上讲，法家才是在战国后期各主要国家里占统治地位的思想学派，居于官方学说地位。而随着秦帝国的崩溃，法家学说被视为造成秦帝国迅速崩溃的主要原因，被视为暴政的根源，受到质疑和批判，法家作为显赫的学派，也就从此衰落下去了。

轴心时代（下）

在战国时期，法家在官方占据着显要的地位，儒家、道家、墨家在民间拥有众多的支持者，成为战国时代的四大"显学"。但除此之外，活跃在当时的政治舞台上的思想派别，我们至少还可以举出兵家、纵横家、阴阳家，也还有一些其他学派在民间传播，他们共同造就了战国时代这一中国轴心时代思想文化方面的辉煌。

需要指出的是，儒家是通过提倡私人办学，建立师承体系，以师生关系为纽带形成一种社会团体，墨家干脆就建立起有着严密组织的社团，在组织方面据有优势，这是保持其民间影响力的重要因素，而其他学派都不具备这样的特点。我们下面所说的学派，其中的代表人物之间往往并没有师承关系，只是后人将同类的著名人物归纳为一个学派而已。

兵　家

春秋战国时代，诸侯之间混战不止，战争成为事关国家兴衰存亡的大事，在实战中成长起来的军事家纷纷著书立说，一个研究军事理论及相关问题的学派——兵家，也就由此应运而生了。

相传，兵家的始祖是在渭水之滨钓得周文王的姜子牙，他善于把握时机，主张攻心为上，这些都是后世兵家思想的基本原则。但是，作为先秦时期的学派，兵家最早产生于春秋时期，早期的代表人物有孙武、司马穰苴（ráng jū）；繁荣于战国时期，代表人物有孙膑、吴起、尉缭等。西汉初年的张良等人，也可以归入兵家。兵家的思想源于丰富的军事实践活动，是军事家对战争和带兵经验的总结，由此形成一系列关于战争观念、治军原则、战略原理、战术指导以及军事哲理的理论，是我国思想史上最重要的军事思想财富。

提到兵家，所有中国人都会马上想到孙子。在中国古代，他被奉为兵圣；在现代，他又被称为东方兵学鼻祖。

孙子，本名孙武，字长卿，后人尊称他为孙子或孙武子，出生于齐国乐安（今山东省广饶县）。孙子的具体生卒年现在还说不大清楚，只知道他是与孔子同时代的人，要比孔子略晚。孙武本来应该姓田，他的祖父田书是齐国的大夫，因为攻打莒国有功，齐景公赐姓孙，封采地于乐安，此后，这一田姓家族才改姓孙。

公元前532年，齐国内乱后，孙武来到南方的吴国，他的名著《孙子兵法》应该就写成于吴国。公元前512年，由于伍子胥的推荐，吴王阖闾任命孙武以客卿的身份担任将军。公元前506年，吴楚大战开始，孙武指挥三万吴军千里远袭，深入楚国，五战五捷，最后攻克楚国的都城，创造了中国军事史上以少胜多的奇迹。在打败楚国之后，孙武发现吴王阖闾越来越骄奢淫逸，于是辞官隐居。关于孙武的晚年，史书中没有留下任何可靠的记载。

司马迁的《史记》虽然为孙武作传，但其中大半的内容都是在讲孙武为吴王阖闾训练宫女的故事。

在孙武晋见吴王阖闾时，阖闾随口问他能不能训练女兵，听到孙武肯定的答复之后，阖闾一时心血来潮，马上从后宫选出100多位宫女，让孙武现场操练。孙武把宫女编成两队，用吴王最宠爱的两个妃子作队长，然后教给她们一些最基本的军事动作，并告诫她们遵守军令。可是，当孙武开始擂鼓指挥她们前进时，宫女们觉得很好玩，全都笑了起来，队伍乱成一团。孙武又重新教了一次，可是当他第二次发命令时，宫女们嬉笑得更

孙武祠

厉害了。孙武说："如果说命令不清楚，那是我的过错；既然我已经再三说清楚了，却没有人听从命令，这是队长的责任。"于是下令将两个队长斩首。吴王阖闾大惊失色，连忙派人来求情："寡人已经知道将军善于用兵了。寡人若没有这两个妃子，食不甘味，希望不要杀她们。"孙武答复："您既然已经任命我为将军了，将军在部队中，对于君主的有些命令也是可以不接受的。"他还是下令将两个队长斩首。然后再指挥宫女们训练，宫女们一个个动作都极为标准，没有一个人敢出声。

孙武所著《孙子兵法》共有13篇，是中国兵家最经典的著作，被尊为兵学圣典、古代世界第一兵书。其中，《计篇》讲的是战争前如何分析敌我形势。《作战》讲的是如何进行战争前的总动员。《谋攻》讲的是以智谋攻城，不专用武力。《形篇》、《势篇》讲的是决定战争胜负的两种基本因素，"形"指的是客观的、稳定的、易见的因素，如敌我双方战斗力的强弱、战争物质的准备等；"势"指的是主观的、易变的、带有偶然性的因素，如兵力的配置、士兵的勇怯等。《虚实》讲的是如何运用计谋，以造成决战时我军兵力处于优势的局面。《军争》讲的是如何夺取会战的先机。《九变》讲的是根据不同情况采取不同的战略战术。《行军》讲的是如何在行军中宿营和观察敌情。《地形》讲的是六种不同的作战地形及相应的战术要求。《九地》讲的是不同作战环境及相应的战术要求。《火攻》专讲如何运用火攻。《用间》专讲如何运用间谍。

早在公元7世纪，《孙子兵法》就被翻译成多种语言，开始向世界各地流传，先传入日本、东南亚，18世纪传入欧洲。1782年，法国耶稣会士将《孙子兵法》译成法文，据说这本书对世界著名军事家拿破仑产生了不小的影响。在许多国家的军校中，《孙子兵法》都是必修的课程。目前，《孙子兵法》已被翻译成29种文字，在世界范围内有数千种版本。

在当代，《孙子兵法》不仅在军事界备受推崇，而且在管理界也掀起了学习的高潮。美国哈佛大学商学院和很多日本大公司，都将其作为培训管理人员的必读教材。

由于孙武对中国军事学的特殊贡献，讲到兵家时往往都是从孙武讲起，容易忽略一位在孙武之前，又与孙武同宗的另一位著名军事家司马穰苴。

司马穰苴本姓田，与孙武同为齐国贵族田氏的后代。因为他担任过齐国的大司马一职，因此习惯上称之为司马穰苴。他的生卒年月也不清楚，但比孙武年代略早，活动在齐景公在位期间，与被称为晏子的晏婴，一武一文，是齐景公朝两位最重要的大臣。

在齐国衰落、受到晋国和燕国的夹击时，司马穰苴受命统率军队出征，最终打败了晋国、燕国，收复了全部失地。但在他晚年，由于卷入政治斗争，司马穰苴被无罪免官，郁郁而终。

大约在他去世一个半世纪之后，齐威王命人整理司马穰苴的军事思想，作成《司马穰苴兵法》一书，后世也称《司马法》。传说该书内容多达155篇，但流传到今天的却只有五篇。

在孙武的后裔中，还出了另一位著名的军事家孙膑。我们只知道他是孙武的后裔，其活动的时代，上距孙武去世已经100多年，但连他的真实姓名至今仍搞不清楚。

孙膑生于齐国的阿、鄄之间（今山东阳谷、鄄城一带），曾和魏国人庞涓一起拜鬼谷子为师。庞涓先下山回魏国，被魏惠王任命为将军。庞涓自忖才能不及孙膑，害怕他下山后如果到魏国会影响自己的前程，更担心他去其他国家，日后成为自己的对手，于是请孙膑到魏国，并设计陷害孙膑。魏惠王听信庞涓谗言，最终处孙膑以膑刑，就是挖掉他的两块膝盖骨，使他终身残废，因为这个缘故，他才被称为孙膑。

孙膑画像

在孙膑受刑后,庞涓还假惺惺地装好人,为孙膑治伤。被蒙在鼓里的孙膑对庞涓深表感激,决定将祖传的兵书写出来,教给庞涓。孙膑拖着残病的身体每日写书,庞涓派来服侍他的人十分敬佩,悄悄地告诉了孙膑实情。孙膑将写好的竹简全部投入炉火之中,并开始装疯。后来,出使魏国的淳于髡偷偷地将孙膑带到了他的故乡齐国。

回到齐国后,孙膑成为将军田忌的门客。田忌和齐威王都喜欢赛马,但田忌却总是输。孙膑观看了比赛,发现双方是将马分成上、中、下三等,分别比赛,田忌虽然每局都输,但是齐王的马也拉不下田忌的马多远。于是孙膑对田忌说:"你重重地下一回注,我能让你赢。"田忌照着孙膑的话去做了。在比赛开始前,孙膑对田忌说:"用你的下等马与对方的上等马比赛,用你的上等马对付他的中等马,用你的中等马对付他的下等马。"比赛的结果是,田忌的马以三战两胜一负的成绩获胜。

齐威王听了田忌的说明,接见了孙膑,并开始重用孙膑。此后,齐国与庞涓所在的魏国进行了两次大战，孙膑报仇的机会终于来了。

公元前353年，魏国进攻赵国，赵国向齐国求救。齐威王任命田忌为主将，孙膑为军师，出动8万部队援救赵国。孙膑提出"围魏救赵"之计。齐军不是前往赵国增援，而是趁魏国主力部队都在进攻赵国、内部防备空虚之机，直捣魏国的都城，迫使魏军从赵国撤回，以解其都城之围。齐军再于途中设下埋伏。结果是，齐军在桂陵（今河南长垣西北）大败魏军。史称桂陵之战。

公元前342年，庞涓率部队进攻韩国，韩国向齐国求救。齐威王还是任命田忌为主将，孙膑为军师，出动10万兵力援救韩国。在孙膑的指挥下，齐军仍采用"围魏救赵"的策略，直奔魏国的都城。庞涓不得不撤销对韩国的包围，率部队返回，想要与孙膑决战。

孙膑根据庞涓骄傲轻敌、急于求战的心理，提出减灶诱敌之计。齐军在撤退的途中，第一天安置下可以供给10万人的灶，第二天减到可供给5万人，第三天更减到只能供给3万人。追击齐军的庞涓，在观察了齐军营地留下的灶的数量之后大喜，认为齐军胆怯，听到魏兵赶来的消息后，才三天时间，就逃亡了一大半。于是庞涓丢下步兵，只带轻骑锐卒，日夜兼程追赶齐军，最后在马陵道中了孙膑的埋伏，魏军惨败，庞涓自杀。

不可一世的魏国从此一蹶不振，而齐国则逐渐强盛起来。此后孙膑隐居著书，写成《孙膑兵法》。

《孙膑兵法》共89篇，早已失传。令人意想不到的是，1972年，在山东临沂银雀山汉墓出土的竹简中，我们又发现了这部古兵书。只是由于年代久远，竹简残缺不全，损坏严重。学者仅整理出《擒庞涓》、《见威王》、《威王问》、《陈忌问垒》、《篡卒》、《月战》、《八阵》、《地葆》、《势备》、《兵情》、《行篡》、《杀士》、《延气》、《官一》、《五教法》、

《强兵》等16篇。

比孙膑的年代还要早一些,在战国早期,还出现过另一位著名的军事家吴起。

吴起(约公元前440—前381年),生于卫国左氏(今山东定陶,一说山东曹县)。早年被乡里人视为败家子而受到众人的嘲讽,吴起一气之下杀了30多人,流亡异乡。临行前他对母亲发誓:"我若不能位至卿相,誓不回乡。"

吴起此后跟随孔子的著名弟子曾参学习,与孔子的孙子、战国时期著名儒家学者子思是同学,成为儒家的第三代。吴起的母亲去世时,碍于自己当年的誓言,吴起没有回家奔丧,这与儒家的孝道观大相径庭,因此受到了曾参的驱逐。吴起由此转入兵家,后来去了鲁国。当齐国进攻鲁国的时候,吴起非常想当鲁国的将军,率部队迎战,由于他的妻子是齐国人,鲁国人不信任他,吴起竟然杀了自己的妻子。最终他成为鲁国的将军,并打败了齐国,但因为他杀妻求将的缺德行为,他在鲁国受到排斥,最终不得不投奔魏国。

魏文侯任命吴起为将军,他打败了来犯的秦军,并长期为魏国镇守河西地区。吴起在部队中,与士兵同甘共苦,他的各方面待遇,都是比照军队中待遇最差的士兵,因此深受士兵们的爱戴。

有一次,一个士兵生了恶性毒疮,吴起亲自为他吸吮浓液。这个士兵的母亲听说后,不禁失声痛哭。有人说:"你儿子是个无名小卒,将军却亲自替他吸吮浓液,你为什么还要哭呢?"她回答说:"当年吴将军也曾经替这个孩子的父亲吸吮毒疮,结果他父亲在战场上勇往直前,战死沙场。如今吴将军又给我儿子吸吮毒疮,我不知道他会死在什么地方,因此我才哭他啊。"

最终，吴起又因受到魏国当权者的排斥，不得不离开魏国到了楚国。吴起辅佐楚悼王进行变法改革，就在变法初见成效的时候，楚悼王去世，变法触动其利益的旧贵族们乘机作乱，进攻吴起。吴起知道自己无法幸免于难，于是逃到楚悼王的尸体后面躲避，使敌人在用箭射死他的时候，也伤及了楚悼王的尸体。在新王即位之后，因为毁坏楚悼王的尸体，有70多家贵族被灭族。吴起在死后，还用借刀杀人之计为自己报了仇。

相传吴起所著兵书《吴子兵法》共有48篇，但仅流传下来六篇。

战国时期，著名的兵家著作还有《尉缭子》、《六韬》、《三略》。《尉缭子》一书的作者名缭，但姓氏不详，他曾经任秦国的尉，因此被称为尉缭或尉缭子，并用这个名字来命名他的著作。也有人说他是魏国人，与秦国的大臣尉缭不是一个人。《六韬》，也称《太公六韬》、《太公兵法》，传统上认为是西周初年的名臣姜子牙的著作，这当然是靠不住的，这部书应该是战国末期的作品，被誉为是兵家权谋类的始祖。而说到《三略》，还有一个与张良有关的故事。

传说张良年轻时，曾路遇一位老人。老人故意把鞋摔到桥下，却对张良说："年轻人，下去给我拾鞋！"张良碍于老人的年纪，强忍怒气下桥取鞋。老人却又伸出脚，让张良给穿上。张良长跪于前，帮老人穿了鞋，老人也不道谢，扬长而去。张良觉得奇怪，就悄悄地尾随老人。老人最终对张良说："孺子可教也。五天后的黎明，在这里等我。"

但此后的会面，却都因为张良到的比老人晚，老人不高兴地拂袖而去。最后，张良半夜赴约，终于先老人一步，老人才授给张良一本书，对他说："读此书能为王者师。十年后天下会大乱。"说完就走了。据说，这本书就是《三略》，因为那位老人被称为黄石公，这部书也被称为《黄石公三略》。张良读通了《三略》，最终成为刘邦身边的第一智囊，辅佐刘邦建立了西汉王朝。现在学者一般认为，《三略》应成书于战国末期。现在汉语里的韬略一词，最初就源自《六韬》、《三略》。

孙武的《孙子兵法》、吴起的《吴子兵法》、司马穰苴的《司马法》、《六韬》、《尉缭子》、《三略》，再加上后世的《李卫公问对》，在宋代被称为武经七书。

我们可以从上述春秋战国时期兵家著作的内容，对先秦时代兵家的思想作一些总结。

在对战争的态度上，兵家反对穷兵黩武，强调义兵必胜。认为战争不是目的，以战止战是不得已而为之，最佳战略是"不战而屈人之兵"，视以全胜抑制战争为最佳战略。由此出发，兵家普遍主张奖励耕战，富国强兵，以提高国力为第一要务。

在治军方法上，兵家认为，对军队的治理，主要内容不外乎是将帅的任用、部队的教育、士卒的管理与训练、兵役的组织和实施、纪律军法的申明、赏罚措施的推行等方面，目标是要建立一支训练有素、令行禁止、无往而不胜的军队。在此基础上，兵家提出了一系列治军的具体方法。

在战略上，兵家讲究居安思危、有备无患、兵贵神速等原则，把政治、经济、军事、天文、地理、国际关系等各种客观因素作为决定胜负的条件，将天时、地利、人和看作相互关联的统一整体和决胜的关键。由此可见，兵家不但是一种军事思想，也是一种政治理念。

在战术上，兵家主要围绕着夺取战争主动权的理念展开，千变万化，其智慧不仅在后代的战争中被广泛应用，如今更是被运用到商业、管理等领域。

最后，在哲学思想上，兵家思想还具有丰富、朴素的军事哲理和军事辩证法成分。

纵横家

纵横家，可以说是战国时期的外交家，也可以说是战国时期的"国际关系"专家。纵和横，是他们指导各国外交的两种最主要的理念。纵是指"合众弱以攻一强"，就是所有弱小国家联合起来，去对付那个最强大的国家，由此构成一种力量的均势。横是指"事一强以攻众弱"，就是与强者联合的策略。

传统认为，纵横家的鼻祖是鬼谷子，代表人物有苏秦、张仪等人。

鬼谷子的真实姓名不详，应该是战国中期人，大约活动在公元前390年至310年之间，大约与孟子和商鞅是同时代人，曾经在齐国生活过，后来隐居于鬼谷，因而被称为鬼谷子。因为他留下了《鬼谷子》一书，被视为纵横家的重要理论著作，也因为最著名的纵横家苏秦、张仪都是他的学生，所以后人将鬼谷子视为纵横家的创始人。前面提到的兵家尉缭子是鬼谷子的学生，传说孙膑和庞涓也是他的学生。纵横家所注意的外交事务与军事息息相关，其用于外交的谋略也同样可以运用到军事方面，所以我们不必奇怪纵横家与兵家有相通之处。

《鬼谷子》又名《捭阖策》，包括《捭阖》、《反应》、《内》、《抵》、《飞箝》、《忤合》、《揣篇》、《摩篇》、《权篇》、《谋篇》、《决篇》、《符言》、《转丸》、《乱》、《本经阴符七术》、《持枢》、《中经》等篇，也有学者认为，《本经阴符七术》应该是另一本书,就是在中国民间影响极大的《阴符经》了。应该说,《鬼谷子》一书是对先秦纵横家经验的全面总结。

论辩与说服,当时称之为"游说",是从事外交的纵横家最主要的手段,因而,在分析人的心理,以及劝谏、建议、协商、谈判等的具体技巧问题上,纵横家积累起丰富的经验,这些都在《鬼谷子》一书有所反映。可以说,《鬼谷子》既是一部讲谋略的著作,也是一部讲谈话技巧的著作,也是讲如何揣摩他人心理的心理学著作。就连"揣摩"、"权谋"等词汇,也都见于《鬼谷子》的篇名。

如果说鬼谷子是纵横家理论的集大成者的话,那么,他的两个学生将他的理论在实践中发挥到了极致,他们就是提到纵横家就不得不说的苏秦、张仪。

苏秦,生年不详,可能死于公元前317年或公元前284年,出生于东周洛阳(今河南洛阳东)。

苏秦最初从鬼谷子学成之后,外出游说各国君主,并无成效,当他一文不名地回到家中的时候,他的妻子继续织布,嫂子不为他准备饭菜,父母也不理睬他。苏秦感叹道:"妻不以我为夫,嫂不以我为叔,父母不以我为子,这都是因为我的过错啊!"从此闭门不出,发愤读书,专心研究老师鬼谷子所写的《阴符经》一书。每当困倦得要睡着的时候,苏秦就用锥子刺自己的大腿,用疼痛迫使自己保持清醒,继续读书,这就是成语"悬梁刺股"中"刺股"的由来。

苏秦第二次走出家门,先是去了秦国,没有得到重用,一气之下,他提出"合纵抗秦"的主张,游说战国七雄中其他六个国家的君主,使他们认识到,秦国比任何一国都要强大,六国只有联合起来对付秦国,才能避免被消灭的命运。苏秦一度取得了巨大的成功,六国的君主都接受了他的建议，结盟共同对付秦国，苏秦被推举为纵约长，佩六国相印。六国的联合，迫使秦国取消了帝号，并归还一部分所侵夺的魏国和韩国的土地，秦国在长达 15 年的时间里，不敢出兵进攻函谷关以东的各国。这是苏秦人生最辉煌的时候。

苏秦这一次回到家的时候，兄弟妻子都长跪着侍候。苏秦笑着对他的嫂子说："为什么以前对我那么傲慢，现在对我这么恭敬呢？"他的嫂子回答道："因为你现在官大钱多啊。"

张仪与苏秦同为鬼谷子的学生，但张仪年长，其生年不详，大约是死在公元前 310 年。是魏国贵族的后代。

在苏秦的合纵术取得巨大成功之后，张仪出山，为秦国设计连横术，就是劝说六国中的某一国或几国与秦国联合，去对付其他国家的外交策略。秦惠王任命张仪为丞相，出使各国，以他的连横术去游说各国的国君。张仪先是迫使魏国与秦联合，并将上郡之地献给秦国；又瓦解了齐、楚的联盟，夺取楚国的汉中之地。

在破坏齐楚联盟时，张仪对楚怀王进行了赤裸裸的欺骗："楚国如果能与齐国绝交，秦国愿意将商於之地 600 里割让给楚国。"楚怀王信以为真，与齐国断绝关系，当他派人去秦国，要与张仪办理接受土地的手续时，张仪却对楚国的使臣说："大王听错了吧，我说的是 6 里，不是 600 里啊。"

楚怀王一怒之下，在公元前 312 年兴兵攻打秦国，却在丹阳一战中惨败，屈丐等 70 多位将军被俘，反被秦国攻占了汉中之地 600 余里。秦国在这里设立了汉中郡，与秦国新征服的巴、蜀等地连成一片。秦国的疆域向南有较大的开拓，更增强了秦国的实力，从此开始，秦国统一中国就只是一个时间问题了。

楚国战败后，只好再割两座城池与秦国讲和。秦王提出，要用商於之地换楚国的黔中之地，楚怀王说，只要让他亲手杀了张仪，他愿意将黔中之地奉送给秦国。于是张仪只身一人再次来到楚国，但他买通了楚怀王的宠臣靳尚和夫人郑袖，使楚怀王改变主意。之后，他向楚王提出，他可以向秦王建议不要黔中之地，两国派太子互为人质，永结同盟。最终，张仪成功地破坏了楚国与齐国的同盟，使楚国倒向秦国一边。

楚国著名的诗人屈原是主张楚国与齐国结盟的，就在此后不久，屈原受到楚王的冷落和排斥，郁郁不得志，并为国家的前途命运担忧，最终投汨罗江而死。中国一直流行的端午节，最初就起源于民间纪念屈原的活动。

苏秦提倡的合纵联盟被张仪破坏之后，苏秦还曾在齐国为客卿。当秦国约齐国一同进攻赵国的时候，苏秦还向齐王建议，认为进攻赵国不如进攻宋国，再次离间了秦国与齐国的关系。

据说，苏秦之所以在齐国当官，是为燕国做间谍，在齐国内部从事破坏活动。最终燕国名将乐毅联合五个国家的部队大举进攻齐国，齐国险些灭亡，自孙膑打败庞涓之后走向强盛的齐国，从此一蹶不振。在燕国进攻齐国时，苏秦的间谍活动暴露，被处以车裂极刑而死。

关于苏秦之死，另有一种说法，说他是遇刺而死。苏秦被刺之后，没有马上去世，齐王大怒，大举搜捕刺客，却抓不到。苏秦向齐王献计，让齐王公开给自己定罪，并在自己死后将尸体车裂，宣布刺杀苏秦的人将受到赏赐，这样刺客就会自己站出来了。最终，齐王果然用这种方法抓到并杀掉了刺客，为苏秦报了仇。

张仪虽然被秦惠王加封为武信君，但在秦惠王去世后，新即位的秦武王不喜欢他，认为张仪太奸诈，不值得信任。此后张仪去了魏国，一年以后病死在那里。

苏秦去世后，他的弟弟苏代还曾到燕国，重弹合纵抗秦的老调。虽然得到燕王的支持，但此时秦国的势力已经是无法遏制。随着秦统一中国进程的加速，纵横家也就逐渐地退出了历史舞台。

苏秦和张仪都有过著作，但都早已失传了，他们的言论保存在《战国策》一书中，司马迁的《史记》也有所涉及。1973年，在长沙马王堆三号汉墓出土了一批帛书，其中一部风格与《战国策》类似，学者整理后定名为《战国纵横家书》，其中包括苏秦的一些书信。

同儒、墨、道、法等家相比，纵横家对自身理论的架构不够明确，也缺少对自己的学术观点和思想体系的论述。也许正因如此，很多人讥讽"纵横家朝秦暮楚，颇能兴风作浪"，但在学术上毫无建树。但就当时而言，纵横家无疑是一门显学，他们出将入相，在各国朝堂高谈阔论，将自己的理念应用到政治实践中，对中国历史产生了重大影响。

阴阳家

阴阳家是先秦时期的诸子百家之一，主要流行于战国至汉初，因其思想与中国传统的阴阳五行相结合，并以此来解释社会人事，所以汉代的学者们称之为阴阳家，又称阴阳五行学派或阴阳五行家。

从现有的文献来看，阴阳家虽然定型于战国时期，但其思想的渊源却极其古老。阴阳家最为核心的概念阴阳，最早见于《周易》一书，同时也是在此之前成书的《连山》、《归藏》二书的核心概念，由此上溯，阴阳观的出现，甚至可以追溯到中国有文字之初，甚至是汉字产生之前。阴阳家另一个核心概念五行，最早见于《尚书·洪范》，这篇文章相传是箕子为周武王讲述治国之道的记录，如果这种说法可信的话，五行观恐怕早在周朝以前就已经存在了。

阴阳家的学说涵盖面极为庞杂，一方面，包括天文、历算、地理、动物等早期科技知识的萌芽，中医学的理论也可以上溯到阴阳家的学说；另一方面，也与占卜、算命、择吉等迷信术数的东西存在密切的联系，充分体现着在人类历史的早期阶段，巫术与科学一体的现象。

阴阳家的学说无关乎国计民生，因而也就不存在是否成为官方学说的问题，但因其研究的内容存在很强的可操作性，也一直成为当时社会生活中不可或缺的组成部分。为国君占卜的史官和巫官，应该视为后代阴阳家的前身。出于同样的原因，阴阳家在民间的影响更大。

战国时期阴阳家的代表人物是邹衍。也是发展至邹衍时，阴阳家才不再完全依赖阴阳家传统的术数类的手段，而是形成思想性的内容，上升为一种学派。

邹衍（约公元前305—前240年，一说公元前340—前260年），又作驺衍，齐国人，曾在齐国的稷下学宫讲学，早年学习过儒家学说，后来改学阴阳家，并提出大九州思想和五德终始思想，此后去过燕、赵、魏各国，所到之处，受到各国国君的高度尊重。因为邹衍的著述主要讨论天事，当时人称他为谈天衍、谈天邹。但是其著作却早已全部失传了。

邹衍提出的大九州思想，更像是一种地理学观念，显然受到了传统阴阳家有关地理知识或学说的影响。

邹衍称中国为赤县神州，这一概念在古代一直被使用。邹衍认为，儒家学者所说的九州，也就是冀、兖、青、徐、扬、荆、豫、梁、雍九州，根本算不上九州，都是在赤县神州以内。像赤县神州这样的地理区域共九个，合起来才构成了他所说的大九州中的一州，周边有大海环绕，无论是人和动物都不能迁徙到此之外。天下是由大九州构成的，在大九州之外，有瀛海环绕，瀛海之外，就是天地交界之处了。邹衍认为，儒家学者所说的中国，实际不过是天下的八十一分之一而已。

我们应该注意到，邹衍是齐国人，而齐国自立国开始就非常重视发展近海渔业，至战国时代，齐地居民已经积累起比较丰富的海洋知识。邹衍的大九州理论虽然并不符合实际情况，存在过多的想象成分，但这种中国之外还有九州、海外还有其他人群的观念，显然是山东半岛一带由航海事业的发展中获得的知识。大九州理论对于鼓励中国面向海洋发展，积极出海探险，还是起到了积极作用的。此后不断有方士出海寻找海上仙山，既是受到阴阳家传统的影响，也与邹衍的大九州理论密切相关。

邹衍的五德终始思想是一种解释人类历史演进规律的学说，应该属于政治学或哲学的范畴，只不过受阴阳家传统的影响，也具有比较明显的神秘色彩。

所谓五德，就是指五行，即金、木、水、火、土，既代表构成宇宙万物的五种最基本元素，也是中国古人经常运用的抽象的概念。

古人认为，五行之间存在着相生关系，即一种元素助长另一种元素，按传统的表述是，金生水、水生木、木生火、火生土、土生金；五行之间也存在着相克关系，即一种元素压制另一种元素，按传统的表述是，金克木、木克土、土克水、水克火、火克金。

五行的生克关系，本来是解释自然界一些现象的理论。如：按五行的相生关系来说，金生水，因此金属可以被炼化为液体；水生木，植物的生长离不开水；木生火，植物都可以燃烧；火生土，燃烧之后，一切都化为灰土；土生金，金属矿藏都埋藏在土中。若按五行相克的关系来说，金克木，金属制成的工具可以砍伐树林；木克土，植物的根都深深地扎入土中；土克水，土垒成的堤坝可以防水；水克火，水能灭火；火克金，火可以炼化所有的金属。

邹衍将五行学说引入社会历史的领域，来解释中国王朝的更迭。认为每一个时代，都要受到五行中的某一行的支配；帝王将要兴起时，天就降下祥兆，而这个祥兆又符合五行中某一行的"德"，也就是性质。而王朝的更迭，与五行之间的相克有关。

《吕氏春秋》中的一套说法，就是出自五德终始理论：

大禹曾经在郊外碰到过青龙，青色是木的颜色，所以夏朝就是木德。取代夏朝的商朝赶上过山上冒出来银子的好事，故而商属金，金克木，于是商灭亡了夏。周王曾经看到过好大一个火流星在宫殿上空盘旋一周，然后变成无数的火鸦，这代表五行中的火，周朝自然就是火德了，火克金，所以周人能够灭商。

按照五德终始理论，王朝的统治者应该想方设法去扶助本朝所属的那一种五行，这样王朝才能长治久安。如果本朝所属的那一行衰落了，被另一行所"克"，就是压制住了，那么王朝也就面临着灭亡了。

五德终始说对中国历代王朝影响很大，有许多朝代奉行。如，秦朝自认为属于水德，在五行中，水的颜色是黑色，因此秦朝政府的一切都提倡使用黑色；东汉王朝自认为属于火德，火属于红色，所以东汉大臣的朝服都是以红色为主色调。

在历史上，认定本朝属于五行中的哪一行，或者说哪一"德"，历来是倍受统治者重视的大事，有时因为大臣们的意见不统一，甚至反复讨论。

邹衍受到各国君主的尊重，使阴阳家在他的故乡齐国以及相邻的燕国沿海地区迅速走向极盛。但此后的阴阳家，却再也没有出过像邹衍这样有思想的人物，他们只能转而向帝王们兜售修炼成仙和不死之药等传统内容。这些人，在史书中被称为燕齐方士。

燕齐方士中流传，在山东以东的大海上，有蓬莱、瀛洲、方丈等三座仙山，上面住着各路神仙，有不死之药，若是能求得仙人赐给不死之药，凡人吃了以后也可以长生不老。

受燕齐方士之骗的最大名人，就是统一中国的秦始皇。他派一位名叫徐福的方士，携带大量的财物和500名童男童女，出海去为他寻找三仙山，去求不死之药，结果是，徐福带着500童男童女出海去了今天的日本，让500童男童女相互婚配，大家就此在海外定居，再也没有回来。秦始皇晚年出巡天下，特意跑到今天山东境内的海边去，据说就是因为他感觉自己生命无多，所以殷切地期盼着徐福可以从海外回来，给他带来不死之药，但最终也没见到徐福的影子。秦始皇于失望中死去。

至西汉独尊儒术之后，阴阳家逐渐消失在历史的记载之中。一般认为，是汉代的大儒董仲舒，将阴阳家的学说吸纳进儒家思想之中，使之成为儒家思想的组成部分。这种说法固然有一定道理，但我们还应该注意到，阴阳家在民间仍旧在以方士、术士的身份活跃着，只不过他们的活动较少见诸文字记载而已。

阴阳家有过不少的著作，仅见于《汉书·艺文志》记载的就有21种，但却早已经全部失传了。

此后，阴阳家在民间的流传与发展，对中国古代的科学技术，如天文学、气象学、化学、算学、音乐和医学等的发展，都曾发挥过积极的作用，其神仙、巫术等内容，对后来兴起的中国土生土长的宗教——道教也有明显的影响，而在此过程中，阴阳家作为一个学派，作为一种学问，也就渐渐地被肢解了，发展为许多不以阴阳为名的中国传统知识和学问了。

其他各家

除上述各家之外，先秦诸子百家还包括名家、农家和小说家。

名家也是先秦诸子百家中影响比较大的学派，它是一门用逻辑思维方式来证明名与实的关系的学派，以善于辩论、善于语言分析而著称于世，后世一般称之为诡辩之学。

名家的"名"，是指事物的名称、概念。名家的思想，整体上来讲，可以用名（概念）、辞（辩论的观点、认识的判断或命题）、辩（辩论、推理、证明）来概括。

尽管作为一个学派，名家没有什么共同的主张，但是他们的研究对象是相同的，那就是名与实的关系。一件事到底是名副其实，还是名不副实，这是名家关注的最终问题。

这一时期名家把"名"分析到了极致，而名家解决问题的方法也与众不同，他们大多是通过辩论的方式来阐释自己的观点，用逻辑原理来分析事物，这也就是名家思想的"辩"。辩不仅仅是手段，名家还从辩中得出一些著名的论断。如"历物十事"、"辩者二十一事"等。这些"事"，实际上就是名家思想的"辞"，也就是结论性的东西或对某些事的认识、判断。名家讲究推理、讲究逻辑，对中国逻辑学的发展贡献巨大。

名家著名的学者有邓析、惠施、公孙龙等。

邓析（约公元前545—前501年），也被尊称为邓析子，是春秋末期郑国的大夫，与郑国著名的改革家子产是同时代人，但是他坚决反对子产的改革，后来在驷颛执政时，被以扰乱政治的罪名处死。有《邓析子》一书传世。

邓析是名辩思潮的开拓者。在逻辑上，他提出了循名责实、按实定名的思想，强调名应保持其规定性，为名家思想奠定了学术上的基础。邓析还提出，要区别不同类的事物，以及同一事物的不同方面，从而确立了"两可之说"的思想基础。这对后来的名家学者惠施、公孙龙都产生了很大的影响。

由于对子产铸刑书不满，邓析在郑国公然开展辩讼活动，并教人辩讼的技巧。邓析帮人辩讼的代价都是公开的，"大狱一衣，小狱襦裤"，就是说，比较重要的案件，要他出场帮助辩讼，要给他一套衣服；若是不大重要的案件，有短衣和裤子也就可以了。也许我们可以将邓析视为中国律师业的鼻祖。据说，当时郑国跟随他学习辩讼技巧的人不计其数，这也是后来邓析被杀的很重要原因。

当时人们对邓析的论辩能力非常钦佩，甚至认为，连"钩有须，卵有毛"一类的命题，到邓析那里，都能说成是正确的。

另一位名家学者惠施（约公元前370—约前310年），也被尊称为惠子，宋国人，曾担任魏国的宰相长达12年，大约与庄子是同时代人。

惠施赞成墨家学派的兼爱思想，但并不赞成无条件地停止战争。在他执政期间，受合纵学说的影响，主张魏国应该与齐国、楚国联合对付秦国。在张仪离间诸国之后，惠施也被免官，回到故乡宋国隐居。

惠施的名家学说源自邓析，他博学善辩，著作有《惠子》一书，可惜的是早已失传了。他最有名的故事，是与庄子进行的一次小辩论。

有一次，惠施和庄子在河边散步。庄子随口说："河里那些鱼儿游的从容自在，这真是做鱼的快乐啊！"一旁的惠施说："你又不是鱼，你怎么能知道鱼的快乐呢？"庄子说："你不是我,怎么知道我不了解鱼的快乐？"惠施又说："我不是你，自然不了解你；但你也不是鱼，自然也是不能了解鱼的快乐的。"

战国时期另一位名家学者公孙龙（约公元前330—前242年），又称公孙龙子，比惠施的时代还要晚一些。公孙龙是赵国人，曾作过平原君的门客，著作有《公孙龙子》。

公孙龙子在当时以论证"白马非马"而出名。据说，有一次公孙龙子要带一匹白马出关，守关的士兵告诉他，上级有命令，不准带马出关。公孙龙子说："我带的不是马，而是白马。"按照公孙龙子的论证："马者，所以命形也；白者，所以命色也。命色者非命形也，故曰白马非马。"意思是，"马"这个名称，是我们用来称呼某种形体的，"白"这个名称，是我们用来称呼某种颜色的，对颜色的称呼和对形体的称呼是不同的，不能将对颜色的称呼混淆于对形体的称呼，因此"白马不是马"。

公孙龙子还提出"坚白石相离"说，认为一块石头用眼看只能看到它的颜色"白"，用手摸只能感觉到它的"坚"，所以白和坚是分离的，两者是彼此孤立的。认为石头坚硬的性质和石头的白颜色是相分离的，因而他被后人称为名家中"离坚白"学派的主要代表。

公孙龙子为代表的"离坚白"学派，强调的是"离"，也就是事物之间的差异性；惠施为代表的"合同异"学派，强调的是"合"，也就是事物之间的统一性和事物特点的相对性。从抽象思维的角度来看，两者都自有其价值在，但是，作为名家的学派，两者的共同点在于，都是将事物的某一个方面发展到了极端，由此就走向了诡辩论。

名家在战国中期走向鼎盛之后,很快就销声匿迹了,除了统治者不支持外,另外还有一些原因值得我们思考。首先,从上文中看名家内部观点各异,差异很大,没有形成统一的思想体系;其次,名家思想的晦涩难懂也极大制约了读者对名家思想的阅读,而且名家的几个代表人物过于强调"名"与现实生活的对立,没有发挥出名家对现实认识、思想的规范和保障作用。

农家也是先秦时期诸子百家之一,其中包括两部分人:一为注重农业生产技术的农学家,一为反映农民要求的思想家。

农家主张推行耕战政策,奖励发展农业生产,并研究农业生产的有关技术问题。在农家看来,农业是保证百姓生存的基本手段,农业歉收,百姓就会挨饿,国家就会失去根基。同时,农业也是保证国家强大的根本,没有农业提供充足的粮草和兵源,想维持一支强大的军队是根本不可能的。农业也是实行德化的前提和保证,务农会使民风淳朴,也便于统治者实行统治。农家主张重农抑商,这几乎成为中国历代统治者一直坚持的基本国策了。

农家的最高理想是与民同耕,进而君民并耕,这可说是一个很大的自由平等的观念,但是也仅仅是空想而已。农家在战国时期也是影响巨大的一派学说,甚至连儒家弟子陈相、陈辛都弃儒从农,另外,其民本思想在当时中国的社会下层还是有广泛的社会基础的。

在先秦的诸子百家中,还有一派就是被视为"不入流"的小说家。

小说家指的是记录民间街谈巷语的人,他们的主要活动是采集民间传说和议论,借以考察民情和风俗。小说家反映的是当时的平民阶层的思想和言论。后代"小说"一词虽然保留下来,但已经用来指文字作品的一种体裁了,与先秦时期的小说家内涵完全不同。

先秦时代还有一些思想家，虽然古人未将之列入诸子百家之中，但是其思想也足以在中国古代思想史上占有一席之地，杨朱就是如此。

杨朱是战国时期魏国人，字子居，生卒年不详。他既反对儒家的主张，也反对墨家的主张，尤其反对墨家的兼爱思想，提出"贵生"、"重己"，即珍惜个人的生命，反对他人对自己的侵夺，也反对自己对他人的侵夺。

杨朱是一个多情善感的人，他外出到了岔路口时，竟然忍不住哭了起来，因为他联想到人生的旅途中也是存在许多的岔路，使人很容易误入歧途。

使杨朱闻名的是他与墨子的学生禽滑厘之间的一次对话。禽滑厘问杨朱："如果拔掉你身上的一根汗毛，却能使天下人得到好处，你干不干？"杨朱说："天下人的问题，决不是拔一根汗毛所能解决得了的！"禽滑厘说："假使能的话，你愿意吗？"杨朱不作答。这就是俗语"一毛不拔"的来历。

正是从这个故事出发，历史上将杨朱视为自私自利的典型，说他是"为我"主义，一切从自己的利益出发。这可能是冤枉了杨朱。实际上，杨朱是主张不能损人利己，却也不必舍己为人。如果每个人都能管好自己的事情，不去损人利己，社会就和谐了，天下就大治了，自然也就不需要舍己为人。

战国时期，杨朱的思想是非常流行的。孟子说过："杨朱、墨翟之言盈天下；天下之言，不归杨，则归墨。"可见杨朱在当时的影响力之大。由于儒家学派的孟子极力地批判杨朱的学说，在汉代儒家取得统治地位之后，杨朱的思想自然就作为反对典型遭到封杀了。

稷下学宫

战国时期不仅呈现出各个学派思想激烈碰撞的百家争鸣现象,还出现了中国历史上最早的专门学术机构,这就是齐国的稷下学宫。

"稷"是齐国都城临淄城的一座城门的名字,"稷下",是指在临淄城的稷门附近,齐国在这里设立的学宫,称"稷下学宫"。

稷下学宫始设于齐桓公田午在位时。齐国历史上存在过两个齐桓公,一位是春秋五霸的第一位齐桓公(?—公元前643年),另一位就是这位齐桓公田午(公元前400—前357年)。

齐国始建于西周初年,是帮助周朝灭亡商朝的大功臣姜子牙的封国。到春秋末期,齐国的贵族田氏篡权,从此齐国由姜姓吕氏转到了妫姓田氏的手中,史称"田氏代齐"。前一个齐桓公出自姜姓,建立稷下学宫的齐桓公却是田氏齐国的第三位国君。

关于后一位齐桓公的死,还有一个故事。

战国时的名医扁鹊有一天见到齐桓公,对他说:"您现在有病,还在皮肤的纹理中,但如果不治,恐怕会越来越严重。"齐桓公说:"寡人没病。"等到扁鹊出去以后,齐桓公对身边的人说:"医生就是这样,想给没病的人治病,以体现自己的医术高明。"

过了10天,扁鹊再一次见到齐桓公,说:"您的病现在已经进入骨肉和皮肤里，如果不治，恐怕还会严重。"齐桓公的回答还是那句话："寡人没病。"又过了10天，扁鹊对齐桓公说："您的病在肠胃间，不治的话，将更加严重。"齐桓公很不高兴地没有理睬他。又过了10天，扁鹊远远地看见齐桓公，就赶紧走开了。

齐桓公派人问他为什么，扁鹊说："病在皮肤的纹理中，是汤熨的力量能达到的部位；病在肌肉和皮肤里面，是针灸的力量能达到的部位；病在肠胃里，是火剂汤的力量能达到的部位；病在骨髓里，那是司命神所管辖的部位，医药已经没有办法了。现在病在骨髓里面，我因此不再请求给他治病了。"又过了五天，齐桓公身体疼痛，派人寻找扁鹊，扁鹊已经逃到秦国了，齐桓公就病死了。

但正是这位齐桓公在位时，创办了稷下学宫。

稷下学宫，历经齐桓公、威王、宣王、晋王、襄王、王建等六代，前后存在了一个半世纪之久，至末代齐王田建时期衰落，直到秦始皇统一中国的时候才消失，和田齐政权存在时间基本是一致的。

稷下学宫既是政府的咨询机构，也是专门的学术机构，还是当时各国闻名的学府。稷下学宫里有许多优秀的学者被齐国的历代君主加封为"大夫"，使他们拥有相应的爵位和俸禄，但是不需要他们履行任何的职责，也不负责任何具体的事务性工作。他们的任务就是专门从事研究以备咨询，再有就是培养学生。人们称稷下学宫的学者为稷下先生，追随他们的门徒，则被称为稷下学士。

稷下学宫拥有规模庞大的校舍，而且建筑的相当雄伟壮观，学生最多的时候达到"数百千人"，其中资历比较老的淳于髡一个人，就号称有弟子3000人。据郭沫若的考证，《管子·弟子职》应当就是当年稷下学宫的学生守则。由此我们可以发现，稷下学宫从饮食起居到衣着服饰，从课堂纪律到课后复习,从尊敬老师到品德修养都有较严格的规章制度。这应该是先秦时代最发达的官办高等学校教育。

齐国的历代国君都采取极为开明的态度,给予稷下学宫里的学者以充分的研究和讨论的自由,从不进行官方的干涉。稷下学宫因而汇聚起一批当时最优秀的学者。仅以儒家而言,战国时期儒家最有名的两大学者——孟子和荀子,都曾进入稷下学宫,成为稷下先生,尤其是荀子,曾三次担任过稷下学宫的"祭酒"(学宫之长)。曾进入稷下学宫的著名学者至少还包括:淳于髡、邹衍、田骈、慎到、接予、季真、环渊、彭蒙、尹文、田巴、儿说、鲁仲连、邹奭等,几乎容纳了诸子百家的所有学派。

凡是进入稷下学宫的学者,无论其学术派别、思想观点、政治倾向以及国别、年龄、资历,都可以自由地发表自己的学术见解,从而使稷下学

稷下学宫遗址

宫成为各学派荟萃的学术中心，真正地呈现出"百家争鸣"的景象。

因此，郭沫若高度评价稷下学宫："这稷下之学的设置，在中国文化史上实在有划时代的意义……发展到能够以学术思想为自由研究的对象，这是社会的进步，不用说也就促进了学术思想的进步。"在中国长达几千年的文明史中，稷下学宫以其学术氛围的浓厚、思想的自由、成果的丰硕，占据着独一无二的地位。

独尊儒术的开始

春秋战国时代，中国最终完成了社会转型，开始步入成熟国家的发展阶段，各国轰轰烈烈的变法运动，使其完成了向成熟国家形态的演进，而在此过程中，法家思想发挥了不可替代的作用。正是在法家思想的指导下，各国才顺利完成了这一政治体制方面的巨大变革，也是在各国完成政治变革的同时，法家成为最受各国统治者赏识的学派，在一定程度上，成为"御用"的学派。

　　秦国地处西陲，文化原本不如山东六国发达，在秦国流行的学派原本就比较少，自商鞅变法之后，秦国以法家思想治国，境内的其他学派更趋衰落，法家在秦国呈一枝独秀之势。在秦始皇统一中国之后，法家即一跃成为在全国占统治地位的思想。秦帝国虽然仅存在了十几年，此后兴起的汉帝国却全盘继承了秦帝国开创的政治制度。但是，汉朝初年，是以道家的黄老之术为治国思想，汉武帝以后转以儒家为统治思想，法家至少从表面上被抛弃了。

罢黜百家、独尊儒术

随着秦始皇对中国的统一，战国时代结束了，战国时代思想文化百家争鸣的繁荣景象也随之结束了。在统一文字、度量衡的同时，秦始皇也开始了对人民思想的钳制。

公元前213年，博士淳于越提出，秦朝应效法周朝，实行分封制度，并认为"事不师古而能长久者，非所闻也"。丞相李斯与之展开辩论。以此为契机，秦始皇采纳丞相李斯的建议，将民间收藏的诸子百家的著作全部焚毁，令下之后30天仍不肯焚书的，将处以苦役；此后有敢聚众讲解《诗》、《书》的，处死；有敢以古非今的，灭族。第二年，秦始皇又将在背后骂他贪权的方士和儒生460多人活埋。这就是中国历史上著名的"焚书坑儒"事件。

焚书坑儒出于钳制人民思想的需要，是中国文化的一场巨大的劫难，特别是焚书，以秦朝的严刑峻法为后盾，得到认真的执行，使中国先秦时期的许多典籍就此失传。本来，秦始皇虽然下令焚毁所有民间藏书，但这些书政府还是收藏了的，秦朝灭亡时，项羽入关后放火焚烧秦朝的宫殿，将政府的藏书付诸一炬，才造成了许多典籍的彻底失传。

西汉第二位皇帝汉惠帝，在公元前191年宣布正式废除秦朝不许民间藏书的禁令，并开始广泛搜集图书，但上距焚书令的颁布已经22年了。

史书中对西汉向民间搜集图书的成就颇多赞誉，说自汉初至汉武帝在位时期，"百年之间，书积如丘山"。汉王朝具有藏书职能的部门也不少，"外则有太常、太史、博士之藏，内有延阁、广内、秘室之府"。但是，连在民间影响至为广泛的儒家，其最重要的典籍"六经"，在汉代以后《乐经》彻底失传，《尚书》也仅仅恢复出一个残本。可见，秦始皇焚书所造成的损失，并不是汉代的求书所能完全弥补的。

对书籍的摧残，无疑也是对思想的摧残。在秦始皇的焚书过程中，规定只有种树书、医书和占卜书不在焚毁之列，而这三种书恰恰都是几乎不包涵思想性内容的，由此我们也可以看出，焚书最主要的目的就是对思想的遏制。受到秦始皇的打击，先秦以来的诸子百家各学派大多从此销声匿迹。

西汉建立之后，诸子百家确实多已衰落不堪，但是，责任并不能全部归到秦始皇的焚书坑儒上。事实上，在此前秦统一中国的战争中，由于受到战乱的冲击、灭国所导致的动荡的影响，各学派就已经衰落下去了。除了受到统治者支持的法家之外，从战火中恢复，并在秦朝时仍具有影响的，恐怕只有儒家、道家、阴阳家等三四家了。

我们不难发现，秦始皇的焚书坑儒，坑的是儒家的儒生和阴阳家的方士，禁止人们谈论的《诗》、《书》都是儒家的经典，其主要打击对象是儒家和阴阳家，这应该是秦代在民间影响力最大的两个学派了。西汉建立之初，以道家的黄老之术作为统治思想，道家的地位得到空前的提升，这恐怕也与儒家、阴阳家受到秦始皇的打击而实力大减有一定的关系。

不过，汉朝初年以黄老思想为治国原则，确实也符合当时的形势需要。

战国时期的总人口在3000万左右，经过秦朝暴政以及秦末天下战乱的摧残，西汉初年的人口可能只有1500万—1800万。由于人口锐减，耕地大量抛荒，经济残破，作为政府主要税收来源的自耕农阶层严重萎缩，导致国家财政捉襟见肘，连皇帝的马车都凑不齐四匹同样毛色的拉车马，将相之中，有人竟然乘牛车外出，而这在从前是用于运输的货车。在这样的形势下，统治者最重要的任务就是恢复经济，而不宜再有任何大的举措，显然道家的无为思想、治大国若烹小鲜的思想，正符合此时形势的需要。

需要指出的是，作为西汉初年治国原则的是道家学派的一支——黄老学派。这一学派也是西汉初年道家的主流支派，几乎成为道家的代名词了。

黄老学派是在战国后期各学派思想趋于融合的背景下形成的，其发源地就是齐国的稷下学宫。稷下学宫兼容诸子百家的学说，道家思想在其中是影响比较大的一支。在此期间，传统道家思想吸纳了其他学派的思想，得到丰富和发展，最终形成一个新的学派，即作为道家分支的黄老学派。

"黄"，指的是传说中的黄帝，"老"，指的是老子，这一学派尊黄帝、老子为创始人，将《老子》一书以及当时人信为黄帝的一些言论作为指导思想，因此称为黄老学派。我们应该注意到，源自道家的黄老学派之所以要推崇黄帝，恐怕和当时的政治形势有关。稷下学宫建立时，齐国政权已经转入田氏之手，而传说中，黄帝正是田氏的始祖。

稷下学宫中的黄老学派还可以细分为三支：一支以宋钘、尹文为代表，受墨家思想的影响比较大；一支以慎到、田骈为代表，受法家思想的影响比较大，现代学者更多认为，慎到应属于法家学派；一支以环渊为代表，继承、发展老子的思想较多，并系统地整理了老子的学说。

从其思想主张来看，黄老学派的特点是：既大讲道德，又喜谈刑名；既崇尚无为，又崇尚法治。明显具有将道家思想和法家思想相融合的趋势。一些著名的法家代表人物，如申不害、慎到、韩非等，史书都称他们"学本黄老"，也体现出黄老学派这种道、法结合的性质。如果我们认为老子的思想表现为一种消极无为的精神的话，那么可以说，黄老学派的思想就是一种积极无为的思想。

黄老学派是在吸纳阴阳、儒、墨、名、法等各家学说之长的基础上形成的，这是先秦时期各思想学派相融合趋势的典型代表。这种融合百家的新思路，对此后中国思想文化的发展影响很大。在战国时期，黄老学派的思想对曾经长期生活在稷下学宫的儒家著名学者荀子，都形成了明显的影响。荀子接受黄老之学道法结合、以道论法的学术理念，对传统儒家进行了一定程度的改造，因而其思想才与坚持儒家传统的孟子存在比较明显的差异。汉武帝罢黜百家、独尊儒术以后，占据统治思想地位的儒家学说，也走上了融纳各家学说的道路。

在政治思想方面，黄老学派主张清静无为，主逸臣劳，宽简刑政，除削烦苛，务德化民，恢弘礼义，顺乎民欲，应乎时变等。正是在这种思想的指导下，刘邦建国后，实行"与民休息"政策。让士兵复员，分给他们一定数量的土地，使之从事农业生产；轻徭薄役，降低税收，田赋仅征取收获物的1/15，这在中国历史上是罕见的低税率；并且鼓励生育，提倡节俭。汉初几位皇帝都遵循刘邦的政策，以黄老思想作为治国原则，使饱经战火摧残的中原经济得以恢复。

此外还应该提到的是，黄老学派的法律思想，为由秦王朝的法家法律思想转变为西汉中期及以后的儒家法律思想，发挥了过渡性的桥梁作用，为中国正统法律思想的确立奠定了基础。

以黄老之术治国，确实收到了非常好的成效。在汉文帝和汉景帝统治期间，百姓家家富足，民间殷富，政府征收的粮食多到无处存放，府库里的铜钱因为长期不动用，穿钱的绳子朽烂，无从计算具体数量。对这一处处呈现太平盛世景象的时期，史称"文景之治"。

但是，公元前141年即位的汉武帝，是一位被司马迁评价为雄才大略的君主,他要凭借文、景两帝积累起来的财富,大规模开疆拓土,要有一番轰轰烈烈的作为,这时,黄老学派的清静无为思想,显然就不能适应汉武帝的需要了。于是,在汉武帝在位期间,明确规定罢黜百家、独尊儒术,抛弃黄老之术,转而以儒家思想为治国的指导原则,从此开创了儒家学说在中国长达2000多年的统治思想的地位。

儒学的变迁

在先秦诸子的思想中，存在比较成熟的政治思想的，也仅有儒、法、墨三家，以及后来道家的分支黄老学派；纵横家和兵家实际上仅突出强调了国家政治的某一个方面，前者强调的是外交，后者强调的是军事。

秦朝灭亡以后，作为秦朝立国原则的法家思想受到广泛的指责，纵横家又被指斥为奸诈之徒的做法，墨家专门为人民的利益着想而不替统治者着想，再加上面对破败的经济急需停止战争，所以，战国时期流传的各个学派的思想，在西汉建立之初，可供统治者采纳为治国基本原则的，也仅有儒家思想和道家的黄老学派了。可以说，发展至西汉初年，思想界已经由战国时期的百家争鸣，演变为儒道两家的竞争。

黄老学派成为西汉初期的治国原则，一方面是因为黄老学派的思想符合当时形势的需要，另一方面也具有偶然性的因素，这就是西汉的开国皇帝刘邦比较讨厌儒家。

刘邦并不是读书人出身，而且年轻时生性放荡不羁，讲究礼俗的儒家学说自然不对他的胃口。在起兵反秦之后，刘邦常常背地里骂儒生是"竖儒"、"腐儒"，甚至将儒生的帽子拿来，往里边撒尿。

刘邦不喜欢儒家思想，恐怕也与地域文化传统有关。刘邦的家乡在战国末期属于楚国，比较盛行道家的思想，而不是儒家的思想。刘邦在很多方面都是一直沿袭着楚地的风俗，他在治国原则的取向上倾向于道家而不是儒家，应与此有一定关系。

不管怎么说，在西汉初期的六七十年时间里，黄老思想一直是统治者的治国原则，拥有统治思想的地位。

但是，儒学作为在民间拥有广泛根基的学派，其影响力仍旧存在，就是在刘邦身边，也有出身儒家的官员，比较典型的是叔孙通。

叔孙通是薛县（今山东滕县南）人，生卒年不详，在秦朝曾任待诏博士。在陈胜、吴广发动起义之后，他逃回故乡，投奔了项羽。在公元前205年，叔孙通转而投靠刘邦，此后成为刘邦身边的重要谋士。

另一位提倡儒家思想的汉初名臣是陆贾，与刘邦是同乡。陆贾以辩才出名，曾经出使当时的南越政权，说服南越王赵佗向西汉称臣，他应该是受纵横家的影响比较大。

陆贾也非常熟悉儒家的学说，经常在刘邦面前称引儒家的《诗》、《书》。有一次，刘邦听得不耐烦，就打断他道：“老子靠马上取得了天下，要这些《诗》、《书》有什么用？”陆贾应声答道：“你从马上取得了天下，总不能也在马上治理天下吧。再说，如果秦始皇知道以儒家的思想治理国家，又怎么会轮到你取得天下！”

这次对话对刘邦的触动比较大，他要陆贾将历代兴亡成败的经验教训写给他。陆贾写好一篇就立即送给刘邦过目，前后共写了12篇文章，刘邦没有不称赞的，这些文章编辑成书，就是后来的《新语》。

应该说，刘邦当了皇帝之后，对儒家学派的态度有所转变。虽然没有将儒家定为统治思想，但也不再盲目地对儒家的一切加以摒弃了，比较典型的事例是刘邦命叔孙通制定朝仪。

在刘邦称帝后，和他一起打天下的功臣们仍旧全无规矩，因为废除了秦王朝的所有法律，朝廷中也没有礼仪制度。每当上朝时，将军们个个大呼小叫，甚至因醉酒争功，拔出佩剑去砍宫殿的柱子，搞得刘邦很是烦恼。

叔孙通对刘邦说："儒家学者虽然进取性差一些，但却长于守成。我愿意征集鲁地的儒生们和我的弟子们一起，来为您制定朝廷的礼仪制度。"刘邦表示同意。

到公元前200年，未央宫落成，第一次按照叔孙通制定的礼仪举行朝会，朝堂上威严肃穆，所有大臣进退有序，没有一个人敢大声说话。刘邦高兴地说："我到今天才知道当皇帝的尊贵。"任命叔孙通为奉常，又给他参与制定礼仪的弟子们都封了官。

但是，在西汉初期，朝廷奉行黄老之学，儒家学者最主要的作用只是体现在制定礼仪、整理图书等方面，并未能在国家的政治生活中发挥重要的作用，直到汉武帝和董仲舒登上历史舞台，情况才开始发生变化。

董仲舒（公元前179—前104年），汉广川郡（今河北省景县）人。令我们奇怪的是，见于史书记载的西汉初年著名的儒家学者中，只有这位提出罢黜百家、独尊儒术的董仲舒不是山东人。

在儒家经典中，董仲舒专门研究的是《春秋》，尤其是"春秋三传"之一的《公羊传》，这在当时被称为春秋公羊学。

早在汉景帝在位期间，董仲舒就已经进入政府，成为博士官。但在当时，黄老思想盛行，政府虽然也为儒生设置了博士官，给他们颁发俸禄，

董仲舒画像

却并不重用儒生。在此时期，董仲舒将更多的时间和精力都用在培养弟子上。

公元前140年，汉武帝下诏郡国举孝廉，策贤良，征求治国的方略。董仲舒接连奏上三篇策论，从儒学的立场出发，讨论了天人关系，因此这三篇策论被称为"天人三策"。在其中，董仲舒提出了著名的天人感应论、君权神授论、春秋大一统论、三纲五常论，并提出尊王攘夷、罢黜百家、独尊儒术。

在天人感应理论中，董仲舒首先是把"天"人格化，认为天是有意志的，是支配一切的最高主宰，自然界的变化和人类的事务都是由天决定的。这与孔子思想中视天为自然的天是完全不同的了。

接下来，董仲舒认为，君权来自于天，君主是上天在人世间的代理者，每个王朝的建立都是"受命于天"。君主代表上天来统治万民，不能违背上天的意志。如果君主在政治上出现过错，不能令上天满意，上天就会降下种种灾祸以示警告。任何自然灾害，如旱灾、涝灾、风灾、地震、蝗灾、雹灾、雪灾、火灾等，都被看成是上天对君主的警告。

因此，每逢有大的天灾发生，皇帝就要下"罪己诏"，对自己的错误进行检讨，做自我批评。这种做法一直被历朝历代延用，直到中国的最后一个王朝。

如果君主对上天的警告无动于衷，对自己的错误不思悔改，王朝就有可能失去上天的护佑，就可能造成改朝换代了。

董仲舒也在春秋公羊学中为国家的统一找到了理论依据，这就是其春秋大一统理论。

董仲舒认为，大一统是宇宙的普遍法则，统治王朝自然也要遵循这个法则。而大一统可以分为政治上的一统和思想上的一统两个方面，当时的西汉王朝自然已经完成了政治上的一统，之所以还会出现一系列的混乱，就是因为尚未完成思想上的一统。因此，董仲舒提出，应该用儒家的思想来统一学术思想，罢黜百家、独尊儒术。

这种做法虽然比李斯给秦始皇的焚书建议要和缓得多，但是两者的出发点却是一样的，都是为了统一思想、统一认识，都是对战国时期百家争鸣的一种历史反动。

在孟子的"五伦"思想的基础上，董仲舒进一步提出了三纲五常理论。

孟子认为，"父子有亲，君臣有义，夫妇有别，长幼有序，朋友有信"，指出，父子关系、君臣关系、夫妻关系、长幼关系、朋友关系，这是人的五种最基本也是最重要的社会关系，合称为"五伦"。

董仲舒则认为，"五伦"中的君臣、父子、夫妻三种关系是最重要的。他又从阴阳学说出发，认为君、父、夫为阳，臣、子、妻为阴，本着贵阳而贱阴的观念，认为君为主、臣为从；父为主，子为从；夫为主，妻为从，由此总结出"君为臣纲、父为子纲、夫为妻纲"的三纲。这里已经明显地受到阴阳家一些思想的影响。

董仲舒又认为，仁、义、礼、智、信是处理君臣、父子、夫妻关系的最基本法则，合称"五常"，由此构成三纲五常观念。三纲五常，此后一直是中国古代最基本的伦理观念。

汉武帝虽然很欣赏董仲舒的"天人三策"，也采纳了他的建议，实行罢黜百家、独尊儒术，但对董仲舒却没有重用。董仲舒只是先后担任过江都相、太中大夫、胶西相等地方官，未能在中央任职。晚年退居在家，专事著书讲学，著有《春秋繁露》一书。

公元前136年，西汉朝廷专门设立儒家的五经博士，取消了其他诸子各家的博士官，这是独尊儒学的开始。其他各家学说由于不再拥有官方的认可，变成纯粹的民间学派，学者没有从政的机会，因此慢慢衰落下去。

对于存在不同解释学说的儒家经典，有的时候一部经也设立不同的博士。至西汉宣帝时，五经都已经存在不止一家的博士，《易经》有施、孟、梁丘三家，《尚书》有欧阳、大夏侯、小夏侯三家，《礼》有庆氏、大戴、小戴三家，《诗经》有齐、鲁、韩三家，《春秋》有《公羊》的颜、严二家，后来《易经》又增设京氏一家，五经博士共达15家之多。东汉五经博士共14家，除了《礼》少了庆氏一家外，其他都与西汉相同。

博士的重要职责之一就是培养博士弟子。最初博士弟子的定额为50人，很快增加到100人，成帝时达到3000多人。汉末，太学大盛，诸生达30000余人。

在成为官方认可的唯一学派之后，儒家思想吸纳了大量其他学派的思想，与先秦时代的儒学已经存在比较大的差异了，这一点在董仲舒的思想中就已经有了十分明确的体现，这是历史上儒学最重要的一次转折。

汉代儒家学说的另一个重要变化是，儒学渐渐地发展为经学，成为解说和阐释儒家经典的专门的学问。

汉代初年，由于文本的经典皆毁于秦始皇的焚书，儒家学者在教授弟子时，靠记忆用当时的字体背写出儒家的经典，这些儒家经典被称为"今文经"，所谓"今文"指当时通行的文字字体，即汉字的隶书。后来各地陆续发现了一批当年隐藏起来的儒家典籍，都是用秦代的文字写成的，因而称之为"古文经"，所谓"古文"指的是秦代的篆书。两种来源的经书存在着差异，也就出现了以哪一种为正确的问题，这种争论被称为"今古文之争"，儒学逐渐分为今文和古文两派。

今古文的差异主要体现在，古文经学崇奉周公，认为孔子是古典文献的整理保存者，是一位述而不作、信而好古的先师；而今文经学认为孔子是"为汉制法"的"素王"。古文经学认为六经是上古文化典章制度和圣君贤相政治格言的记录,最重视《周礼》;而今文经学认为六经表达的是孔子的政治思想,其中蕴含着大量的微言大义,最重视《春秋公羊传》。两派在治学方法上也存在明显差异。今文经强调阐释儒家经典中包含的微言大义,也就是其中蕴含的深刻哲理;古文经则重在解释儒家经典的字面意义以及其中涉及到的一些典章制度。但是,汉代设立的五经博士都是今文经。

随着今文经学的发展,其弊端也越来越明显,主要是三个方面。其一,流于烦琐。据说,仅《尚书》中的"曰若稽古"四个字,今文经学者就可以解释其含义多达10万字。此外,还要守"师法"、"家法",严格按照本派的学说去阐释,不得越雷池一步。其二,其理论包含许多对现实的批判,不适应统治者的需要。其三,受谶纬的影响越来越深。

谶,指一种隐语或预言。又分为图谶和谶言两种。图谶是以图的形式预言未来,谶言是用隐语来预言未来。这种东西早在秦代就已经十分流行,秦始皇正是看到了谶言中说"亡秦者胡也",才派蒙恬率30万大军北征被称为"胡人"的匈奴。秦代另一个著名的谶言是"楚虽三户,亡秦必楚"。

纬是相对于"经"而言,是后人编造的附会经典的著作,其中的迷信色彩也非常强。因为其与儒家的"经"书相配合,因此称"纬"书。汉代著名的纬书有七种:《易纬》、《书纬》、《诗纬》、《礼纬》、《乐纬》、《孝经纬》和《春秋纬》。

随着今文经学与谶纬的结合越来越紧密,其神秘迷信色彩也就越来越强,这也就与儒家学说的真正精神相去越来越远了。这也为魏晋时期玄学兴起,冲击经学、一扫谶纬埋下了伏笔。

杂　家

　　自战国末期开始，在诸家思想相融合的大趋势之下，出现了一个新的学派杂家。它不再强调学派的差异，而是试图融诸家学说于一炉。其目的是，在博采众议、兼容并蓄的基础上，提出一套更为切实可行的治国方针。

　　严格说来，杂家并不是一门有意识、有传承的学派，当时兼采众家之长的人们，也没有想到自己会被视为一个新的学派。直到汉代学者们整理先秦思想时，把《吕氏春秋》一书归入杂家，这个学派才正式被定名。

　　《吕氏春秋》是秦国丞相吕不韦主编的一部古代百科全书式的巨著。

　　吕不韦（？—公元前235年），原籍卫国濮阳人，本身是一个大商人，史书中称他为阳翟（今河南禹州）大贾。但他不满足于大商人的地位，一直在寻找机会，投身政界。他结识了在赵国做质子的秦公子异人，并用金钱和美女收买了异人。公元前250年，秦孝文王去世，公子异人回国即位，就是秦庄襄王，为对吕不韦表示感谢，他任用吕不韦作了秦国的丞相。据说吕不韦第一次发现异人时，暗中嘀咕道："此奇货可居。"后来，"奇货可居"成为一直使用到今天的成语。

　　传说，吕不韦送给公子异人的一位美女，本来是他自己的姬妾，是在他知道这位美女已经怀孕之后，刻意隐瞒这一情况，将她送给异人。这位美女在跟了异人之后，生下一子，名嬴政，就是后来统一中国的秦始皇。

吕不韦画像

吕不韦成为秦国的丞相之后,封河南洛阳10万户,称文信侯。秦王嬴政即位后,他继续担任丞相,还被尊称为"仲父"。吕不韦任丞相期间,曾经攻取周、赵、卫等国的土地,为秦国建立三川、太原和东郡,对秦国兼并六国的事业有过贡献。后来因为嫪毐集团叛乱一事受到牵连,被免除丞相职务,回到他在河南的封地居住。但不久之后,秦王嬴政又命令他全家迁往四川,吕不韦不明所以,心生恐惧,最终服毒自尽。

战国时,东方各国政界名人都流行供养食客。像魏国的信陵君、楚国的春申君、赵国的平原君、齐国的孟尝君,被称为四大公子,每个人都有上千的食客。秦国作为当时最强大的诸侯国,这方面竟然还不如其他国家,这令吕不韦很不满意,因而在他任丞相期间,也开始招揽人才,大量养士。

《吕氏春秋》就是吕不韦组织自己的门客编写的融诸子百家思想于一炉的著作。它试图从政治、经济、军事、文化教育等各个方面,总结春秋战国以来的历史经验和教训,以便为即将出现的统一集权国家进行策略性的转变作理论方面的准备。

《吕氏春秋》,一名《吕览》,成书于公元前239年,有12纪、8览、6论,全书共26卷、160篇,20多万字。其内容极为驳杂,儒、道、墨、法、兵、农、纵横、阴阳等各家的思想全都包括,涉及政治、经济、哲学、道德、军事等方方面面。其中竟然有四篇是专谈农业的。除《上农》篇讲的是重农政策之外，《任地》、《辨土》、《审时》三篇，可以说是中国现存最早的农学论文。

《吕氏春秋》成书后，吕不韦曾令人誊抄一部，悬挂在秦国都城咸阳的城门上，声称有谁能够改动其中的一个字，就赏给千金。这就是成语一字千金的来历。

除《吕氏春秋》外，另一部杂家的名著，是成书于西汉的《淮南子》。

《淮南子》，又名《淮南鸿烈》，是西汉初年淮南王刘安招集门客编写的，于公元前139年进献给朝廷。

《淮南子》今存21篇，已非当年全貌。全书内容庞杂，糅合了道、阴阳、墨、法和儒家的思想，但整体上还是倾向于道家的，是战国至汉初黄老之学的理论体系的代表作。这显然是受西汉初年以黄老之学为治国原则的影响。《淮南子》虽然无一字提到《吕氏春秋》，但事实上，正是《吕氏春秋》给予《淮南子》以最大的和最直接的影响。

在汉代以后，虽然这种杂糅诸家之说的著作仍旧存在，但由于思想界已经统一于儒家思想，不存在百家争鸣的现象，自然也就无所谓杂家了，因此，后代同类著作也不再被视为杂家的作品。

杂家思想虽然兼采众家之所长，但实际上，是以阴阳家和儒家思想为框架，以法家思想为主线，融合其他各家思想而成的。由此我们发现，虽然在秦帝国灭亡以后，法学思想表面上被后来的统治者所抛弃，但实际上，其内容已经改头换面，融入其他学派的思想——尤其是占统治地位的儒家思想——之中，而在中国古代的政治生活中一直发挥着应有的作用。

无神论的先驱

就在两汉儒家经学受到谶纬之学的影响，朝廷内外弥漫着一片神秘主义气息的时代，中国的无神论思想也在走向成熟。在东汉，最早站出来反对谶纬，并表达了无神论思想的，是在当时被称为"异端"的思想家桓谭。

桓谭（公元前23—公元50年），字君山，沛国相（今安徽濉溪县西北）人。桓谭博学多识，遍习五经，多次与当时的著名思想家刘歆、杨雄讨论一些学术上的疑难问题，表现出过人的才华。但是，由于他喜欢讥骂俗儒，因此在官场上受到排挤，直到王莽当政时，他才因为父亲的关系而出任掌乐大夫。东汉建立后，桓谭被汉光武帝刘秀任命为议郎给事中。

作为东汉的开国皇帝，刘秀是非常相信谶纬之术的。在西汉末年已经流传着一条被称为《赤伏符》的谶言："刘秀发兵捕不道，卯金修德为天子。"在刘秀年轻时，在一次聚会上，有个叫蔡少公的人说起了这条谶言，并解释说有个叫刘秀的人将要当皇帝。刘秀当时开玩笑说："怎么知道就不是我呢？"后来刘秀起兵，平定王朗，占据了河北以后，臣下又举出《赤伏符》来劝进，刘秀也就顺水推舟地作了皇帝。也有人说，刘秀本名叫刘歆，是为了与《赤伏符》的内容相吻合，才改名为刘秀的。但不管怎么说，刘秀即位后对谶纬之学持肯定和支持的态度，因而，东汉初年的朝廷中，形成了无人不研究谶纬的风气。

桓谭却公开反对谶纬之学，他认为谶纬的预言虽然也有巧合的时候，可就像占卜一样，只是一种偶然性，不足为信。他希望光武帝能够接受自己的建议，抛弃这些不可取的东西。一天，朝廷讨论灵台修筑的地点，光武帝打算用谶语决断，征求桓谭的意见，桓谭沉默了好一阵才回答说："我不会解读谶语。"这引起全场的震惊和刘秀的愤怒，结果桓谭差点以邈视先圣、目无法纪的罪名被杀。

在反谶纬的基础上，桓谭还反对长生不老。对此，他提出了有名的形神论思想。他认为人的精神与形体之间的依附关系，就像烛火与蜡烛之间的关系一样。精神不能脱离形体而独立存在，正如烛火不能离开烛体一样。既然精神不能离开形体，那么人的肉体死亡之后，也就没有所谓的精神存在了，长生不老之说也就不攻自破。而且桓谭认为，人的生老就如同四季的代谢一样，是一种自然规律，不可违背。

桓谭著有《新论》一书，这本书的主旨是为了"兴治"，也就是出于政治的目的，书中提倡统治者要任用贤能、重农抑商、统一法度，实行王道与霸道的结合，这些政治思想显然都具有一定的积极作用。但是，最为重要的是，书中还具有明显的无神论倾向。桓谭的形神论等唯物主义思想，具有反对长生说、反对迷信的意义，这些思想以及他求实的思想精神，都对稍后的王充有很大的影响。

王充(27—约97年)，字仲任，会稽上虞(今浙江上虞)人，是东汉时期最著名的无神论者，唯物主义哲学家。

王充祖籍魏郡元城（今河北大名），在王莽篡权之后，元城王氏成为当时第一家族。但是长期以来的豪族风气最终断送了家族的命运，成为以农桑为业的普通人家。王充的家族经过三次迁徙：第一次是因军功从古燕赵之地被封到会稽阳亭；第二次是在西汉末年，因其任侠斗勇，横行乡里，为了躲避仇家抓捕，迁居到会稽钱塘县（今浙江杭州），靠经商糊口；第三次也是因为逞勇斗狠，与当地豪族结怨，又不得不全家仓皇出逃，最终落户上虞章镇。后两次的迁徙致使王家日渐贫困，在王充10岁时，父亲王诵去世，家中更是衰败，所以王充说其出身"孤门细族"。

王充幼年时接受过儒家的正统教育。王充在其《自纪》中说：手书既成，辞师，受《论语》、《尚书》。也就是说，王充学会写字后，就辞别原先的老师，开始学习儒家经典《论语》和《尚书》。

后来，王充又来到洛阳太学学习，拜班彪为师。太学是东汉最高学府。班彪是《汉书》的作者班固的父亲，这父子俩在东汉时期都是著名的学者。据说，此时的王充由于家中积蓄有限，无钱买书，只能到洛阳书店中去看书，喜欢博览群书而不死记章句。

王充的思想深受班彪、桓谭、杜林、郑众等古文经学家们的影响，尤其是受桓谭思想的影响颇深，颇具求实精神，反对当时流行的谶纬之学。

就这样，一面拜访名师，一面博览群书，王充在洛阳一待就是十几年。学业有成之后，王充也曾抱着致君尧舜的梦想，走"学而优则仕"的路子，但是他的仕途与其老师们相差无几。王充曾做过官的地方有扬州、丹阳、九江、庐江等地，但都是文职小官。大约也是在这个时期，王充完成了对后世影响深远的《论衡》一书。

王充说自己写《论衡》的目的是"冀悟迷惑之心，使知虚实之分"，其体裁是对各种虚妄不实的世俗之见，逐条的、不厌其烦的加以驳斥，写作的出发点就是对当时东汉社会存在的将儒学神秘化的谶纬之学进行批判，由此《论衡》成为中国古代具有唯物主义思想的著名哲学著作。

王充的无神论哲学思想中，最重要的是元气论。他的元气论是在对前人，如《管子》、《淮南子》的元气论加以批判继承的基础上形成的。王充认为，天地万物,包括人,都是由气组成的,气的施放生成万物,气是一种物质元素,因此,由气构成的天和地,都是客观存在的物质实体。而且万物无有不动,也就是说,自然界的一切都是运动变化的。天、地都是自然的产物,更重要的是他们是没有意识的,也就无所谓天人感应。这样就否定了神学目的论的天命安排、天意等。人世间的一切是自然而成的,没有所谓的人格神——天的安排。

王充认为,人有生就有死,人所以能生,是由于他有精气血脉。当精气尽、血脉竭的时候,人自然死亡。人死如灯灭,灯灭之后,如何还能有光?这样王充就否定了鬼的存在,也就破除了"善恶报应"的迷信。王充认为鬼来源于世人病态的心理活动,是心中有鬼所造成的错觉。这很明显是王充对桓谭精神与形体论的继承。

但是,王充把自然规律用于说明社会现象,就陷入了命定论。如他认为人生的遭遇祸福、贫贱富贵都是自然决定了的,人力是无法抗拒的,这

王充墓

样就把自然之道绝对化了。

王充死后，其反谶纬之学的思想并没有中断，后继者就是王符。

王符（85—163年），字节信，东汉安定临泾（今甘肃镇原南）人。生平不详。范晔的《后汉书》记载了有关王符的三件事。

一是与马融、窦章、张衡、崔瑗等学者交好。王符如果不是游学洛阳时，碰到这些当时有名的学者，并受他们的影响，其名作《潜夫论》的完成恐怕是不可想象的。尤其值得一提的是张衡（78—139年），他不仅是一个天文学家，发明了浑天仪，还是当时一位反对图谶之学的思想家，他对王符有过比较大的影响。

二是王符"无外家"，也就是说，王符是庶出。中国古人讲究嫡庶有别，正妻所生之子是为嫡出，妾所生之子是为庶出，庶出是没有继承权的，其外家（母亲一族）不被承认。王符因这一出身备受当时人的嘲讽。

三是王符晚年很受度辽将军皇甫规的尊重。据说，皇甫规告老还乡后，有一个级别为两千石的长史来见他，他都很怠慢，唯独王符来见他时，皇甫规不仅亲自出门迎接，还谈了很久。以致当时流传一句俗话："徒见二千石，不如一缝掖。""缝掖"是一种剪裁得很不称身的衣服。从王符晚年还穿"缝掖"来看，其生活水平是不容乐观的。

王符不想依靠权贵引荐而谋得官职，所以一直得不到升迁。但是，王符埋头苦读，潜心著述，讥评时政得失，意图提出救治之方，最终写成了名著《潜夫论》。

《潜夫论》是一部政论与社会史论性的著作，该书较全面地反映了王符的哲学和社会政治思想。从《潜夫论》中可以看出，王符思想的主流是孔孟的儒家思想，也掺杂了一些道家和法家的思想。其中"元气一元论"的无神论思想，则是对王充元气论的直接继承。

王符认为，天地间万物万象，包括"鬼神"、"变异吉凶"，都是气的变化所形成的，而且气的变化是无意识的。相比于王充的元气自然论，王符的元气自化论更明确指出，元气自己运动、自我发展的内在动力是事物运动变化的根源。同时王符强调人的主观能动性，认为任何事情都是事在人为。人的贵贱贫富，不是取决于天地鬼神的安排，一切都是由人的客观条件和主观行为所决定的。对于当时盛行的谶纬神学，王符也是持否定态度的。

两汉时期的无神论思想，无疑是在神学弥漫的风气中，打开了一盏明灯，虽然在当时的中国社会并没有引起普遍的关注，却为后世的唯物主义思想家范缜的无神论思想指明了方向。

玄学与道教

公元184年，爆发了由张角领导的农民大起义，在镇压黄巾起义的过程中，出现了割据的军阀势力，中央王朝名存实亡。至220年，东汉王朝灭亡，中国分裂为魏、蜀、吴三个政权，史称三国。取代曹魏政权，于265年建立的西晋，虽然于280年完成了对中国的统一，但316年就灭亡了。中原陷入诸族割据政权混战时期，晋王室南下重新立国，被称为东晋，这一时期史称东晋十六国时期。接下来，是鲜卑人建立的北朝，与先后立国于江南的四个政权对峙，史称南北朝时期。最终隋朝兴起，才又重新统一了中国。在此期间，中国经历了一个几乎长达四个世纪的分裂时期，历史学家们习惯上称之为魏晋南北朝时期。

魏晋南北朝时期，是道家思想复兴的时代，在学术界，表现为玄学的兴起；在民间，表现为道教的定型。

从儒学到玄学

在儒家经学今古文的争斗中,古文经学最终赢得了胜利,至东汉末,出现了贾逵、许慎、马融、服虔、卢植等大学者。可是,随之而来的不是经学的一个新的发展时代,而是经学的普遍衰落。

事实上,至东汉末年,今古文的分野已经变得越来越模糊,汉代最后的经学大师郑玄,打破今古文的壁垒,遍注群经,打开了今古文融汇的大门。经学发展至此,虽然逐渐从内部分裂斗争的阴影中走出,却陷入了另一个发展的困境。

按照古文经学的研究路子,对儒家经典的研究,主要是注释,而不是阐释。这种流连于故典、寻经摘句式的研究,与现实脱节,完全失去了现实意义,也就失去了作为统治思想和官方意识形态所应具有的活力。更为可怕的是,这种研究方法还存在着一种可能的陷阱,这就是,当儒家经典中的字句、典章、掌故都解释清楚了之后,经学又向何处去?从这个意义上,经学面临着终结。实际上,当郑玄遍注群经之后,这种终结的危机就已经变得相当的清晰了。

至东汉末年,靠经学自身已经解决不了经学的这种危机了,因为作为官方思想,儒家经学还给自己加上了另一重束缚。

汉帝国的官员选拔方式是荐举制,要求各级官员定期向政府推荐人才,而推举的很重要的标准,就是其对儒家经典的理解程度和对儒家伦理道德的实践程度。因此，罢黜百家、独尊儒术之后，儒家思想的影响并不是仅仅停留在思想文化的层面，而是对汉帝国的官员任用标准产生了直接的影响。儒家的伦理观念由此成为规范人们日常生活的守则。儒家原本就比较烦琐的礼仪，在某种意义上对人造成束缚，但正如所有的守则都必须具有稳定性一样，儒家由此也就失去了自我更新的可能。

汉末，儒学和经学发展到如此的困境之中，思想界也就最终到了迎来一次变革的时候了。

首先是东汉末年曹操提出"唯才是举"，将才能作为选拔人才的唯一标准，在官员选拔方面跳出了儒家伦理道德的束缚，对思想界形成巨大的冲击。此后，思想界也出现了一些极为离经叛道的观点，如荀粲竟然认为，传世的六经不过是"圣人之糠秕"。由此开始至曹魏正始年间，终于形成了新的思想流派——玄学。

玄学，指的是魏晋时期兴起的一种糅合儒道而以道家思想为主干的哲学思潮。玄学一名，出自《老子》一书的"玄之又玄，众妙之门"。玄学最重视的典籍是三部：道家的经典《老子》和《庄子》以及儒家五经之一的《易经》，合称为"三玄"。

作为古文经学的反动，也是今文经学批判精神的回光返照，玄学的研究方法是思辨的。受此时期在中国渐趋流行的佛教哲学的影响，玄学所讨论的重要命题已经超出此前中国思想界的传统，甚至可以说是以前的中国人所未曾关心过的问题，即世界的本体问题。在外来思想的激荡下，玄学不仅在讨论新的哲学命题，而且其思辨的深度，其在抽象思维上所达到的高度，都是空前的。

玄学的发展大体经历了四个阶段。其一，以何晏、王弼为代表的正始玄学（240—249年），代表作有《无名论》、《周易注》和《老子注》。

其二，以嵇康、阮籍为代表的竹林玄学（255—262年），代表作有《嵇康集》、《阮籍集》。其三，以裴頠、郭象为代表的元康玄学（291年前后），代表作有《崇有论》和《庄子注》。其四，以张湛、韩康伯为代表的江左玄学（公元317年前后），代表作有《系辞注》和《列子注》。南朝甚至还设立过玄学博士。

在魏晋玄风的影响下，思想界得以消解两汉以来经学发展所造成的僵化，思想得到激发，灵性得到启迪，由思想界的解放起始，最后带来魏晋时期的文学、书法、绘画等艺术的超凡脱俗、超然逍遥的风格以及对自然的爱好与崇尚，这是玄学积极的一面。而玄学消极的一面，就是古人反复抨击的清谈误国了。

玄学与清谈

玄学试图以思辨的方式探讨世界的本质。玄学讨论的重要问题主要体现在两个方面，一是本末有无，一是名教、自然。

所谓本末有无问题，指的是宇宙的本源问题，因为对宇宙万物究竟是出自"有"，也就是存在、物质，还是出自"无"，也就是非物质，或者说"道"，玄学家们存在不同的看法，因此分为"贵无"和"崇有"两派。

贵无派主张"以无为本"，认为宇宙万物有一个共同的本体道，而道即是无。万物之所以存在，是因为"无"这个本体存在，万物都是"无"这个本体的表现。因此，"无"才是"本"，"有"，也就是宇宙万物、所有物质性的存在，都是"末"。崇有派反对这种观点，认为宇宙万物之所以存在，并不是因为有另外一个东西才使之存在，而是万物自身生长、变化的结果，因此，"有"就是"本"。

所谓名教，是指以正名分、定尊卑为主要内容的儒家礼教和道德规范。所谓自然，是道家的概念，指的是事物本来的状态，事物的本性。玄学之所以提出名教与自然的问题，是因为汉王朝把对儒家伦理道德的实践程度作为其选拔官员的重要标准，因而导致了许多人为了当官而伪装成遵守儒家伦理道德的典范。

名教与自然的关系，也是玄学家们激烈争辩的问题，大体分为三种主张：

一是名教出于自然，二是人应该超越名教而回归自然，三是名教就是自然。

玄学的酝酿应始于东汉末年，但其真正在学界崭露头角，却是在三国时期曹魏立国以后。最初的两位著名玄学家何晏、王弼，都是由东汉入曹魏的。

何晏（约195—249年），字平叔，南阳宛县（今河南南阳）人。王弼（226—249），字辅嗣，山阳高平（今山东邹城、金乡一带）人。两人都出身于世家大族。

何晏的祖父是东汉末非常有名的大将军何进，何进的妹妹是汉灵帝的皇后。正是何进在与宦官的斗争中召董卓进京，要靠地方军阀的力量全部杀掉宦官，最后才导致董卓之乱。何晏父亲去世早，他的母亲改嫁曹操，他自幼是在曹操家中长大的，自小就聪明过人，深得曹操的喜爱。长大后娶金乡公主，成为曹魏的驸马。

据说何晏是当时著名的美男子，甚至连他的妻子都嫉妒他的美貌。因为他长得特别白，魏明帝怀疑他是在脸上敷了厚厚的一层粉，就在夏天赏给他热汤面吃，看看他流汗之后会不会冲掉粉，露出本来面目。何晏吃面后大汗淋漓，用衣袖擦汗，但擦完汗后，脸色显得更白了。于是后人就把"傅粉何郎"作为典故，用来形容人面容白净漂亮。

王弼的四世祖王畅和曾外祖刘表，都是汉末著名的文人"八俊"之一，刘表还是东汉的宗室。王弼的父亲王业过继给了同族的王粲，这个后来成为王弼祖父的王粲，为汉末"建安七子"之一，是当时著名的文学家。据说大学者蔡邕非常欣赏王粲，将自己的藏书万卷都送给了王粲，这些书后来都传到了王弼的父亲王业的手上。

何晏与王弼的命运也非常相似，在曹魏内部的政治斗争中，两个人都属于曹爽一系。何晏与曹爽的关系尤为密切，在曹爽执政时，曾任吏部尚书。

王弼也是在曹爽执政时补台郎。在司马懿发动政变杀曹爽之后，两人都受到牵连，何晏被杀，王弼被免官。王弼虽然幸免于难，却于同年秋天病死，享年只有23岁。

人们一般将何晏、王弼视为玄学的开创者。两人的思想也比较接近，都属于"贵无"派的代表人物。在自然与名教的关系上，两人都认为名教出于自然，就是说，名教确立的尊卑名份，是自然发展的必然结果，是反映自然的。显然他们在试图调和自然与名教之间的矛盾。

何晏的著作传到今天的只有一部《论语集解》。王弼流传下来的著作除《老子注》和《周易注》之外，还有一个短篇文章《周易略例》。他们的著作的共同点在于都是以道家思想来解释儒家的经典。

何晏和王弼去世后，玄学的风气越来越盛。代表人物有著名的"竹林七贤"，即阮籍、嵇康、山涛、刘伶、阮咸、向秀、王戎七位西晋初期的名士，因为他们经常在当地的一处竹林里聚会，因此被称为"竹林七贤"。

"竹林七贤"的领袖是嵇康和阮籍。嵇康（223—263年），字叔夜，谯郡铚县（今安徽宿县）人，不仅是著名的思想家，还是当时闻名的音乐家。

竹林七贤图

嵇康幼年丧父，家道清贫，全由母亲及兄长抚养长大。嵇康从小喜好读书，爱好诗文、书画，善于弹琴，专长于老庄的思想。嵇康离开家乡后来到洛阳，娶曹操孙女长亭公主，拜中散大夫。后来离开洛阳，隐居于河内郡山阳县（今河南焦作）。司马氏掌权之后，因为嵇康是曹氏的女婿，影响很大又不肯与司马氏合作，最终找个借口将嵇康处死了。

嵇康临刑前，有3000名太学生为其求情，但没有得到批准。在刑场上，嵇康气度依旧，神情不变，索琴弹奏一曲《广陵散》，叹道，《广陵散》这首曲子从此要失传了。他死时年仅40岁。

阮籍（210—263年），字嗣宗，陈留尉氏（今河南省）人，其父阮瑀，是建安七子之一。阮籍年少时，喜欢学习儒家经典，怀有雄心大志。但在当时复杂多变的政治环境中，他无法实现自己的抱负，最终对社会失去了信心。后来，为了避祸而不得不接受司马氏政权授予的官职，但却终日沉醉，不问政事。

阮籍最有名的是他的"青白眼"。遇到喜欢的人，他才会用黑眼珠看人；遇到他厌烦的人，他就会现出白眼球来。成语"青目有加"、"青睐"都源于此。

竹林七贤还包括山涛、王戎、阮咸、刘伶、向秀。

山涛(205—283年)，字巨源，河内怀县(今河南武陟西)人。自小丧父，在竹林七贤中年龄最大。后来因投靠司马氏，嵇康写《与山巨源绝交书》，公开与山涛断绝关系。然而，嵇康在临死前却将儿女托付给了山涛，留言道"巨源在，汝不孤矣"。在嵇康被杀后20年，山涛荐举嵇康的儿子嵇绍为秘书丞。司马氏篡权建立西晋后，山涛曾任吏部尚书、太子少傅、左仆射等官。

王戎（234—305年），字浚冲，小字阿戎，琅琊临沂（今山东省临沂市北）

人，出身于魏晋高门琅琊王氏。是"竹林七贤"中年龄最小的一位。西晋时官至司徒，封安丰侯。王戎七岁时曾与同伴在路边玩耍，见道旁有李树，结满李子，其他孩子都去摘李子，只有王戎不去。别人问他为什么，他说："树在道边，却还留有那么多果实，李子必定是苦的。"一尝果然如此。

阮咸（234—?），字仲容，阮籍的侄子。阮咸私幸其姑母家的鲜卑婢女。后来阮咸的母亲去世，阮咸正在服丧，听说姑母要带着鲜卑婢女回夫家去，忙借客人的驴子去追，最后是穿着丧服与婢女共骑一头驴子回来的。阮咸善弹琵琶，据说他改造了从龟兹传入的琵琶，唐朝人在阮咸墓中发现了这种琵琶，称其为"阮咸"，简称"阮"。

刘伶（221—300年），字伯伦，沛国（今安徽宿县）人。终生嗜酒放荡，曾作《酒德颂》，经常乘坐驴车，携带一壶酒，并让人拿着铁锹跟在后面，吩咐道："死了就把我埋了。"

向秀(227—272年)，字子期，河内怀(今河南武徙西南)人。官至黄门侍郎、散骑常侍。

嵇康、阮籍等人的思想，以公元249年高平陵政变为界，可分为前、后两个阶段。前期他们继承了何晏、王弼的思想，认为名教出于自然。后期由于司马氏当权，以名教为标榜，大杀异己，引起嵇康、阮籍等人对名教的反感，转而提出"越名教而任自然"，就是认为，人应该超越名教而回归自然。在生活中，他们有意地作出一些怪异的、不合儒家礼法的举动，嗜酒任性，玩世不恭，放浪形骸，以表示对司马氏的名教之治的抵制。

西晋时，玄学进入第三个发展阶段，以郭象、裴頠为代表人物。

郭象（252—312年），字子玄，河南（今河南洛阳）人。曾为司徒掾、黄门侍郎，东海王司马越曾任用他为太傅主簿。裴頠（267—300年），字逸民，河东闻喜（今山西绛县）人。曾任太子中庶子、散骑常侍、国子祭酒、尚书左仆射等职。博学多识，兼善医术。但后来陷入西晋朝中的政治斗争，被赵王司马伦所杀。

由于当时很多玄学家继承了嵇康、阮籍嗜酒极欲的一面，越来越走向颓废，因而郭象、裴頠反对"越名教而任自然"的观点，提出名教就是自然的主张。而在有无问题上，郭象、裴頠都属于崇有派，最具代表性的著作是裴頠的《崇有论》。

事实上，这种从贵无向崇有、从越名教而任自然向提倡名教就是自然的转变，早在竹林七贤时就已经露出端倪。竹林七贤之一的向秀就已经认为，自然与名教之间并不存在矛盾，强调自然与名教的合一。在有无问题上，向秀承认有一个不生不死的万物之本的存在，但是也提出了万物的"自生"、"自化"等概念，表现出从"贵无"向"崇有"的过渡。《庄子注》一书，是向秀未完成之作，郭象将之最后完成，由此也可以看出两人思想的相似性和继承性。

东晋建立以后，玄学步入了第四个发展阶段，代表人物是东晋名士王导、谢安、韩康伯、张湛等人。此时的玄学家，都是试图调和贵无和崇有、名教与自然的联系。同时他们又受到佛教的影响，认为人生虚幻，稍纵即逝，主张及时行乐，走向了纵欲主义。

由于玄学家们的思想，很多时候是以清谈，即辩论的形式表达出来的，很多精彩的内容没有保留下来。清谈之风始于北魏正始年间，故而又称"正始之音"。

清谈有一套约定俗成的模式。清谈的席位称为"谈坐"，谈论的术语称为"谈端"，谈论时引经据典称为"谈证"，谈论的语言称为"谈锋"。

清谈首先要有一个辩论的主题，其次要有明确的辩论对手。参与辩论的人数不限，至少是两人，双方分主、客落座。对辩论的问题提出自己的看法的人称主,就是立论方;提出不同见解和质疑的人称客,就是驳论方。在清谈的过程中,一方提出自己的论点,另一方进行"问难",就是质疑。在其交锋过程中,在场的其他人可以就讨论主题发表自己的见解,或赞成立论方的观点,或赞成驳论方的观点,称为"谈助"。

讨论结束时,如果双方观点达成一致,就会握手言和。如果双方仍各执一词,互不相让,就要有人出来调停,暂停这次辩论,这称为"一番",也就是一个回合。以后还可能会有"两番"、"三番"的讨论,直至得出结果,取胜的一方就是胜论,失败的一方则是败论。

清谈的方式主要有两种。一种是辩论,也称"主客对答";一种是自问自答地阐释自己的观点。清谈不仅要求有新的见解,还要有高超的语言表达能力。有一次,刘惔到王蒙家清谈。刘惔走后,王蒙的儿子问其父谁胜谁负。王蒙说:"韵音令辞不如我,往辄破的胜我。"意思是,论语言表达能力,对方不如自己,但论思想,自己不如对方。有些时候,辩论技巧的重要性甚至超过了问题本身。一次,王苟子和许洵辩论,王苟子处于不利的局势,接下来两人交换观点再辩,王苟子仍旧落败。

玄学和清谈,是魏晋思想界的风尚,也是魏晋名士风雅的体现。在此风气影响下,魏晋名士普遍沉迷于哲学的思辨,而不肯在具体政务上花时间精力,并视之为俗务。有人认为,这是魏晋时期国家得不到治理的重要原因之一,因而称之为"清谈误国"。不论这种评价是否公允,可以肯定的是,玄学与清谈,将中国哲学的发展推向了一个新的高度。

道教源流

在汉武帝罢黜百家、独尊儒术以后，道家虽然不再具有官方的地位，但是，作为先秦时代的显学，又曾经在西汉初年的六七十年时间里被历代皇帝奉为治国的原则，道家在民间已经拥有雄厚的根基，自然不会就此沉寂下去。在民间，道家思想逐渐与阴阳家的某些思想相融合，被披上一层神秘主义色彩，逐渐向宗教演化。至东汉末年，道教已经基本成形，其最早的两个支系是太平道和五斗米道。

太平道，东汉末年钜鹿（今河北平乡）人张角所创。以《太平经》为主要经典，以黄天为至上神，认为是黄神（中黄太一）开天辟地，创造出了人类。同时也信奉黄帝和老子，认为黄帝时的天下是太平世界，在那个太平世界里，既没有剥削压迫，也没有饥寒病灾，更无诈骗偷盗，人人自由幸福，那是人类世界的理想、完美状态。正是在此基础上，张角提出了"致太平"的理想，要重建太平盛世。此教派被称为太平道，就是因为这个原因。

传说张角得到了于吉等人所传的《太平清领书》，从中受到启发，即以创教救世为己任，并结合作为东方文化传统之一的黄老学派的思想创立了太平道。在短短的十几年里，张角的信徒就达到了几十万人。公元184年，张角以太平道组织民众，发动了黄巾起义。在黄巾起义被镇压之后，太平道也就此衰落下去。

太平道虽然瓦解了，但其对后世还是存在一定的影响。如太平道的音乐，随着时间的推移，不断得到补充、完善和发展，逐渐形成一套由经乐和器乐组成的完整的太平道乐体系，传到今天已经有 1800 多年的历史了。此外，太平道的三十六方的术数观念，为后世道教所继承。后世道士持九节杖、穿黄衣、戴黄冠，用符水、咒语等道术为人治病消灾等，也都与太平道有关。

五斗米道的创始人是张陵。张陵，也称张道陵，字辅汉，沛国丰人（今江苏丰县）。他既精通儒家的五经，又熟知盛行于世的黄老之学以及神仙方术。相传张陵 7 岁时便能诵读老子的《道德经》，25 岁时因直言切陈当世利弊，被任命为巴郡江州（重庆巴县）令。但是，他虽然作了官，却志在修炼，不久后就辞官隐居，开始了他长达数十年的修炼和传道，在四川鹤鸣山创立五斗米道。

五斗米道，因信道者入教需交纳五斗米而得名，同时又因张陵自称太上老君降命为天师，又称天师道。教内人士称其正一盟威道。奉老子为教主，以《道德经》为主要经典，为便于教徒学习理解《道德经》，张陵作《老子想尔注》一书。

张陵去世后，其子张衡、其孙张鲁先后成为五斗米道的最高首领，祖孙三人被后世人合称为"三张"。三张逐渐形成对教徒的严密控制，形成自己的组织体系。汉末天下大乱时，张鲁依靠五斗米教，成为割据汉中的地方势力，逐渐形成了一种政教合一的行政体系。

张鲁以"治"为管理单位，在其统治区域内，设有 24 治。各治不置长吏，以祭酒管理行政、军事、宗教等事项。初入道者称"鬼卒"，入道久且信仰坚定者称为祭酒，并设治头大祭酒进行管辖，建立起从鬼卒、祭酒、治头大祭酒直至师君的金字塔式的教阶制和行政管理体制。其政令的实施，是以廉耻治人，主张诚信不欺诈，令病人自首其过、修路补过等具有浓烈宗教色彩的措施来保证的。

张鲁以五斗米道统治汉中前后近30年，不仅扩大了五斗米道的势力，而且使当地民众安居乐业，使汉中成为当时动乱天下中的一片乐土。至215年，曹操在剿灭黄巾起义之后，亲率20万大军进攻汉中，张鲁投降曹操，政教合一的五斗米教在汉中的统治结束。由于张鲁的主动投降，五斗米教及其教徒没有遭受太大的打击，得以继续传播。

此后，五斗米教逐渐发生分化，一部分道教上层逐渐走向统治阶层，成为维护统治阶级利益的士族贵族道教，另一部分继续在下层传播，并与农民起义相结合。如西晋时的李特起义、东晋时的孙恩起义，都有五斗米道的背景。在东晋，还出现了许多信奉五斗米道的豪族世家，如琅琊王氏、孙氏，陈郡谢氏、殷氏，高平郗氏，会稽孔氏，义兴周氏等。

无论是太平道还是五斗米道，其信仰对象还相对比较简单和抽象，不外是天地、鬼神而已。其最重要的宗教活动是用符水治病。还有如五斗米道的"三官手书"，病人要自己写一份检查，陈述自己的错误并表示认罪悔过，要抄写三份，一份埋在山上，意味着送达上天，一份埋在地下，意味着送达地神，一份送入水中，意味着送达水神，再配合符水，认为虔诚悔过的人此后就可以病愈了。显然，早期道教的宗教活动，受民间巫术的影响是比较明显的，在后来这也一直是道教的一大特点。

由于东汉末年疾病流行，瘟疫横行，号称可以用符水治愈各种疾病的早期道教，因而才对普通百姓具有特殊的吸引力。

追求长生不老，是道教自阴阳家那里继承下来的一种追求，只不过追求长生的方法已不再是出海寻访仙山，去向仙人求取不死之药，转而通过修炼或自己炼制丹药的方法，以期实现长生。而在此过程中，道教崇奉的神仙也变得越来越多，越来越庞杂，甚至连孔子、颜回、商纣王，都成为崇拜的对象，被视为大仙。因此，这一时期的道教也被称为神仙道教。

南北朝时期，不论南朝还是北朝，都对道教进行了改革。在北朝，最著名的改革者是寇谦之，在南朝，则是葛洪和陆静修。

寇谦之(365—448年)，名谦，字辅真，祖籍上谷昌平（今属北京）。虽出身于官宦世家，但无心政治，崇尚仙道，曾在华山、嵩山等地随成公兴修道。415年，寇谦之自称太上老君授予他天师之位，赐给他《云中音诵新科之戒》，命令他"清整道教，除去三张伪法"。近10年后，寇谦之于424年来到北魏的都城平城（今山西大同），向北魏皇帝太武帝进献道书，第二年，在北魏官方的支持下，寇谦之在平城东南建立天师道场，奉行经他改革后的道教新制，这一派被后人称为北天师道。至442年，寇谦之被太武帝封为国师，从此北天师道开始在中国北方盛行。

寇谦之对道教的改革，除了在仪式方面，引进佛教的某些仪式，主张立坛宇、修功德、诵经成仙、持戒修行，逐渐建立和完善道教的宗教仪式之外，在思想方面，值得我们注意的也有两点：其一，寇谦之将儒家的纲常伦理观念引入道教的戒律清规之中，提倡道教的信奉者要"兼修儒教"。其二，引入佛教的六道轮回观念。由此可以看出，寇谦之在对道教进行改革的过程中，已经在试图调和道、佛、儒三者的关系，这对此后中国思想界的影响是极为深远的。

改革后的北天师道成为官方认可的正统道教。公元440年，太武帝采纳寇谦之的建议，改元太平真君，后来又亲自至道坛受符箓。此后，北魏历代皇帝即位时，都要到道坛受符箓。太武帝还下令，对寇谦之行方外之礼，让天师及其弟子位列王公之上，不用向皇帝称臣、叩头，新天师道在北魏的发展逐渐达到鼎盛。

寇谦之对道教的改革，不仅在宗旨、组织、斋仪等各方面创立了新道教的基本规模，而且将帝王、贵族吸收入道，从理论上和实践上，密切了道教与统治阶层的关系，变农民为主的宗教为全社会各阶层的宗教。

但是，在寇谦之去世之后，北天师道还是逐渐走向衰落。近一个世纪之后，北齐罢除天师道坛，公元555年，道教在佛道辩论中失败，北齐文宣帝下诏废道，至此，寇谦之创立的新天师道教团消亡。

道教在中国南方的发展过程中，著名道士葛洪发挥了重要的作用。

葛洪（284—364年），字稚川，自号抱朴子，丹阳郡句容（今江苏句容县）人。葛洪一生经历大起大落，受过穷，做过大官，最后以道士终老一生。其著作《抱朴子》奠定了中国神仙道教的理论基础。

葛洪像

《抱朴子》分内、外两篇。今存"内篇"20篇，主要讲述了中国古代的神仙方术、鬼怪变化，以及如何才能养生延年，去灾却病。其内容可以具体概括为：讨论宇宙本体问题、论证神仙的确实存在、论述金丹和仙药的制作方法及应用、讨论各种方术的学习应用、论述道经的各种书目等，将魏晋以来的玄学思想与道教神学，方术与金丹、丹鼎与符咒、儒学与仙学统统纳为一体，从而确立了道教神仙理论体系。

葛洪十分强调个人后天修仙致道的主观努力，即立志、明师、勤求，强调后天的努力是成仙的根本，只有通过勤奋修炼，才能将命运掌握在自己的手中，坚信"我命在我不在天"。

特别需要提到的是，葛洪把儒家的忠孝仁信纳入道教戒律，按儒家的伦理纲常建构起道教的神仙体系，其融合儒道的做法，与后来在北朝进行道教改革的寇谦之如出一辙。

此外，对南朝道教发展作出比较大贡献的道士还应该提到陆修静。

陆修静（406—477年），字元德，吴兴东迁（今浙江吴兴东）人，南朝著名道士。461年，陆修静在庐山东南建立道观，隐居修道。467年，应南朝宋明帝之召，前往都城建康，住在北郊天印山崇虚馆。在此期间，他将长期收集到的大量道经加以校刊整理，共有经戒、方药、符图等1128卷，分为三洞，即洞真、洞玄、洞神三大类，编定了《三洞经书目录》，这是道教史上最早的道经总目。

陆修静主张修道应当用礼拜、诵经、思神等三种方法，因此他编撰了斋戒仪范类道经百余卷，使道教的礼仪初步得到统一和完备，经他改造后的天师道，后世称为南天师道。

在南北朝时期的道教改革过程中，道教在许多方面明显受到佛教的影响。可是在此后，这两个宗教之间却形成了激烈的竞争。唐王朝以道教为官方的宗教，北宋时期，宋徽宗也曾经大力提倡道教，并被称为道君皇帝，但整体来说，道教在中国民间的影响力一直比不上佛教。

南北朝时代，由于政治上的分裂，道教的改革也是分南、北两个区域进行，南北道教形成不同的传统，在此后的道教发展过程中，这种差异一直存在。发展至宋代以后，南方的道教主要以龙虎山的天师道为代表，北方则是在金朝末年兴起的全真教占居了主导地位。

南北朝时期，道教的发展与思想界玄学的盛行遥相呼应，显现出这个时代是道家思想复兴的时代也是道家思想具有新发展的时代。

无神论的发展

在南北朝时期，得到发展的不仅仅是道家的思想，自汉代以来已经初具规模的无神论思想也得到了进一步的发展。其代表人物是范缜。

范缜（约450—515年），字子真，祖籍顺阳（今河南淅川境内）人，在其六世祖范汪时移居江南。范汪曾担任东晋的安北将军，范家也可以算得上是士族，但在进入南朝以后，家道却逐渐衰落。范缜的祖父范璩之，在刘宋时曾任中书郎。

范缜画像

在范缜出生后不久，父亲范璩就病故了，范缜自幼与母亲相依为命，并以孝谨闻名。范缜在青少年时代，虽然家境清贫，却勤奋好学，在十多岁时，就成为当世名儒沛国刘瓛（huán）的学生。范缜学业优异，卓尔不群，刘瓛十分钟爱他，在范缜20岁时，亲自为他行加冠礼，就是中国古代男人的成年礼。

范缜博通经术，尤其精通"三礼"，即《周礼》、《仪礼》、《礼记》。虽然有聪明才智且满腹经纶，但范缜在刘宋时期却郁郁不得志，怀才不遇的痛苦无时无刻不在煎熬着他，使他未老先衰，在29岁时就已经白发皤然。

齐代宋后，范缜初任负责掌管少数民族文书簿籍之事的宁蛮主簿，后升任尚书省属官尚书殿中郎。在此期间，范缜迎来了人生中最辉煌的一刻。永明年间（483—493年），齐与北朝的北魏和亲通好，范缜曾作为使者出访北魏，他以渊博的知识和机智敏捷的思维，博得了北魏朝野的尊重和赞叹。也是在这一时期，他完成了名留后世的《神灭论》的初稿。

南朝佞佛，齐当然也不例外。齐司徒竟陵王萧子良就以佞佛闻名，甚至不顾自己宰相的身份，亲自给僧侣端茶倒水。公元489年的一天，萧子良在自己的西邸官舍宴请当时的文人志士，其中也包括范缜。席间，因范缜排斥佛教，双方发生辩论。

萧子良亲自责问范缜：你不信因果报应之说，那么你说，为什么会有富贵贫贱？范缜回答说：人生如同树上的花一样，同时开放，随风飘落，有的运气好，落在了好的地方，就像殿下您；有的运气不好，落在了不好的地方，就像我。贵贱虽然不同，但哪有什么因果报应呢！

鉴于此次辩论，范缜觉得有必要把自己的无神论思想加以系统阐述，于是才开始了《神灭论》一书的写作。

萧子良对自己的失败并不甘心，于是召集众僧侣和信佛的文人与范缜辩论。这期间，有位名叫王琰的文人，讥讽范缜不知道自己的祖先神灵之所在。范缜反问道："你既然知道祖先神灵之所在，为什么不杀身以从？"王琰无言以对。萧子良甚至用中书郎的官位拉拢范缜，却也不能使他放弃自己的观点。

范缜与众信佛之人的辩论，主要是围绕着有神还是无神展开的，这也是《神灭论》重点阐释的内容，也就是形与神的关系。

范缜认为，形和神是密不可分的，只有形体（形）存在，精神（神）才能存在，形和神虽然名称不同，但两者是既有区别、又有联系的不能分离的统一体。这就是范缜在《神灭论》一开始就提出的"形神相即"思想，是对佛教宣扬的"形神相异"观点的直接反驳。

在此基础上，范缜进一步提出了"形质神用"的论点。他用刀刃和刀刃的锋利之间的关系来解释这一思想。他说锋利指的不是刀刃，刀刃指的也不是锋利。但是，离开刀刃也就无所谓锋利，离开了锋利也就无所谓刀刃。反映在形神关系上就是形体是精神的实体，精神是形体的作用，也就是精神对形体是一种依赖关系，两者不能分割。所以人的形体、肉体死亡后，精神也就不复存在了。

反驳者指出，木头的实体是没有知觉的，人的实体（肉体）却是有知觉的，人既有像木头一样的实体，又有不同于木头的知觉，这就说明实体与知觉不是一回事，因而可以肯定，"形"与"神"也不是一体的。针对这一论点，范缜又对实体和知觉的关系进行论证，他认为，不同的实体具有不同的功能，不可混为一谈，而精神方面的活动是只有活人才有的特殊属性。木头与人、活人、活着的树木与死人、枯萎的树木都是不同的实体，所以其功能也会随之而发生变化。这与人死之后精神活动随之消失道理是相同的。

范缜还认为，实体的变化是有其内在规律的。比如人先生后死，树木先荣后枯，顺序是不可颠倒的。他还认为，事物的变化有突变和渐变两种形式。突然发生的事物，如暴风骤雨，必然突然消失；逐渐发生的，如动植物，必然逐渐消灭。

为了进一步责难范缜，反对者指出，人的肉体被割破之后，思维是不乱的，并以此来说明，形和神是相分离的。范缜反驳说，人的精神现象可分为两部分，一是痛痒等感觉、知觉，我们可以称之为"知"，也就是感觉；另一类是判断是非等问题的思维，也就是"虑"。两者是有区别的。痛痒等感觉以手脚等器官为基础，判断是非的思维却是以心为主，精神活动要以一定的生理器官为基础，这进一步证明了形神不可分离的观点。

范缜指出，鬼神是不存在的；他还尖锐地指出，鬼神之说是"圣人使然"，是圣人们为政治的需要、教化民众的需要，而造作了鬼神之说。这在当时是大不敬之罪，表现了范缜面对皇帝、权贵及其追随者的围攻和诘难，勇于为真理献身的大无畏的牺牲精神。

最后，范缜更是明确的指出，他宣扬无神论，就是为了反对佛教的神不灭论，反对这一佛教思想对社会道德、思想的极大危害，反对佛教对社会政治的严重危害。

范缜在提出神灭论之后，也一直在实践中实践着自己的思想。齐明帝建武年间（494—498年），范缜先出任尚书省，后迁领军长史，再被贬黜为宜都太守，就在这样的情况下还是坚持无神论，并下令拆毁所辖夷陵（今湖北宜昌）境内的许多神庙，不许祭祀神佛。不久后，范缜的母亲去世，他辞官守丧，自此至梁初，一直未再做官，居住在南州。

几年后，范缜的旧友雍州刺史萧衍起兵反齐，建立了梁朝。因为两者昔日的友谊，梁武帝萧衍任命范缜为晋安太守。四年后，范缜升任尚书左丞，但上任后没几天，就因事触怒了梁武帝，被流放广州。

504年，也就是在范缜被流放前不久，梁武帝下诏把佛教定为国教。面对再次兴盛的佞佛之风，范缜进一步充实完善《神灭论》一书，修订定稿，并在亲友中传播，再一次向佛教发出了挑战。

这种情况当然是梁武帝这一被后世称为"和尚皇帝"的君主所不能容忍的，

但为了显示自己的宽宏大量，他首先解除了对范缜的流放，将他召回京师建康，并授以中书郎和国子博士的官衔。507年，梁武帝下了一道《答臣下神灭论》的诏书，正式开始了对范缜《神灭论》的攻击。此后，梁武帝又与大僧正释法云发动王公大臣、朝野僧俗，一起围攻范缜。据说先后参加论战的达64人，写出75篇文章来驳斥范缜的《神灭论》。范缜从容自若，沉着应战，据理驳斥，史书记载其"辩摧众口，日服千人"，可谓大获全胜。

范缜作为中国1500多年前的一位思想家，受时代的局限性，其思想也有一定的不足。他用自然的偶然性去解释社会现象，例如他以花瓣随风飘散比喻人生的富贵贫贱，这还是一种机械的命定论。

范缜的无神论思想是在吸收和继承前人思想的基础上逐渐形成的，特别是继承了两汉之际桓谭、王充的思想。虽然其无神论思想在随后的中国社会并没有产生太大的影响，但是，范缜《神灭论》的无神论思想，使中国哲学中的无神论思想达到了前所未有的水平，是中国哲学史上的一座里程碑。

佛学弘扬

文中子
重做三代再读六经
程朱评论河汾垂一统

经过南北朝统治者的大力提倡，佛教成为在民间占主导地位的宗教。尽管李唐王室自认出自老子，并大力提倡道教，给予道教以国教的地位，但佛教的影响力仍旧与日俱增，远非道教所能比，就是在大唐帝国，也处处弥漫着佛教的气息。

伴随着外来宗教佛教在中国的传播，西域文化也开始在中国流行，异域商人的来华，以及西行求法的中国僧人和来华传教的外国僧人，无疑都对这种文化传播现象起到了推动作用。在融合种种外来文化因子之后，盛唐文化达到了中国古代文化的巅峰状态。

随着佛教在中国的传播，佛教哲学对中国思想界也产生了巨大的冲击，魏晋玄学的兴起，这不能不说是原因之一。更为重要的是，至隋唐，中国逐渐出现了诸多佛教教派，使中国的佛教哲学得到空前的发展。

转折到多元的思想界

先秦诸子的思想，立足于其所处的时代，目的是解决现实生活中面临的问题，尤其是政治问题；到罢黜百家、独尊儒术以后，儒学演变为经学，特别是发展为古文经学的时候，就已经与现实脱节，走上无关乎现实问题的纯学术的路子了。玄学的取向虽然与经学不同，但在抽象思辨的道路上走得更远，与现实的距离差得更大。而在南北朝时代盛行的宗教氛围中，不论是佛教还是道教，更是将人们关注的问题引向彼岸。

这种思想距现实越来越远的趋势发展到极端之后，思想界必然出现反动，最终是在隋唐时期出现了新的强调经世致用的思想潮流。其代表人物就是王通。

王通（584—617年），字仲淹，隋朝河东郡龙门县通化镇（今山西万荣县）人，是隋朝末年著名的思想家、教育家。去世后，其弟子称其为文中子，主要著作有"续六经"，还有其弟子将其言行整理编撰成的《中说》。

王通的家族是著名的世家大族太原王氏的旁支，他的父亲王隆精于儒学，曾为国子博士，由于家学渊源，王通从小便接受了良好的儒学教育，精习"六经"。据说，王通在15岁就已经开始从事教学活动。在他18岁时，游历四方，刻苦读书，学问大为增长。603年，王通考中秀才，西游长安，晋见隋文帝，奏太平十二策，深受隋文帝的赏识，却并未受到重用。此后，

王通画像

王通担任过蜀郡司户书佐、蜀王侍郎等小官。因为感觉到政局动荡，对朝廷信心不足，王通最终弃官回乡，以著述讲学为业。

王通回乡后，潜心钻研孔子的"六经"，花费九年的时间，最终写成了《续诗》、《续书》、《礼论》、《乐经》、《易赞》、《元经》等"续六经"。一时间，王通名声大噪，求学者纷至沓来。但是，王通讲学的时间并不长，年仅34岁就去世了。

王通作为重要的儒家学者，其对儒家学说的研究和阐释，既不同于今文经学的穿凿附会，也不同于古文经学的引经据典，更不像玄学那样步入纯粹思辨的哲学领域，而是复兴先秦儒家的传统，要以儒学思想为核心，提升出能够解决现实问题、能够用于指导政治实践的经世安邦的学说。王通的思想，尤其是其对待儒家学说的态度，标志着儒学的一种新型转折，将儒学从纯学术性讨论,拉回到现实中来,使儒学焕发出新的活力。

在政治思想方面,王通坚持孔子以来的儒家传统,强调以仁义治天下,以德服人,以天下为公。针对魏晋南北朝以来儒学受到玄学的冲击,日渐式微的局面,王通主张昌明王道,振兴儒学。王通将《周礼》作为王道的最高标准,认为古人所崇尚的王道并没有消失,而是通过儒家经典传诸后世,他主张以《周礼》为中心来阐释儒家经典,摒弃其他杂学。

而王道的实施在于人,王通认为人性都是善的,具有仁、义、礼、智、信五德。但是只有通过教育,对人进行教化,才能使人达到乐天知命、穷理尽性的境界,从而有利于王道的宣扬,才能进而实现天下大治。

王通认为,教学和学术研究不能一成不变,要根据时代和现实的变化而进行调整,不断丰富充实教材的内容。如果只以一家之言来评百家之事,不知变通,就会有失偏颇。为此,他不仅编写了"续六经",作为培养弟子的新教材,还注意因材施教。他教授薛方士、裴晞等人《续诗》的内容,教授窦威、贾琼、姚义等人《礼论》,教授温彦博《乐经》,教授杜淹《续书》,教授叔恬《元经》,至于董常、仇璋、薛收、程元备等人,则学习"续六经"的全部内容。王通将自己对学生的了解和学生的问题结合起来,对同一个问题的回答往往也是不同的。

王通极力主张穷理尽性,即穷尽天理,释放自己的本性,最终达到以性制情的境地。他又认为,知命、穷理、尽性是一个完整的过程,首先要从知命开始,而《易经》是知命的关键,通过对《易经》的学习,得以知命,进而才能找出穷理的方法,从而达到尽性制情的目的。此外,通过对佛道等其他思想的吸收,王通还提出了诸如"静"、"诚"、"诫"、"敬慎"、"闻过"、"寡言"、"思过"、"正心"、"无辨"、"无争"等道德修养的方式。王通的这些思想,对后代影响极大,很多为宋明理学所继承。

王通所处的时代，佛、道盛行，儒学有逐渐衰微的趋势。王通主张明王道，振兴儒学，但是他也不是盲目地排斥佛道两家的思想，而是主张调合三教的矛盾，使三教取长补短，相互吸收，最终达到三教合流为一的境界。王通这种三教合一的思想在后来得到普遍的认同，成为中国古代后期一种流行的观念。

王通从事教学的时间虽然不长，但培养出一批优秀的弟子，他的思想对当时许多知识界的名流形成明显的影响，正是这些人在后来大唐帝国建立的过程中发挥了巨大的作用，对中国思想史而言，起到了振兴儒学的作用。王通称得起是在思想的转折时期里，一个承上启下的关键性人物。

但遗憾的是，王通的思想及其对儒学的理解，并未能成为唐代思想界的主流。受外来文化影响，唐代无论是文化还是思想界，都呈多元并存的局面。唐代确立科举考试作为标准的官员选拔方式之后，明经虽然是科举考试的一科，但考试的内容局限于对儒家经典及相关注释的记忆与理解，表现出比较明显的僵化倾向。为科举考试的需要，由孔颖达主持编纂的《五经正义》，其编写思路与古文经学相似，根本无法发挥启迪思想的作用。因而在唐代的科举考试中，明经一科很不受重视。

唐代最受重视的进士科的考试，明显呈现出多元文化的特点，并不是以儒家思想为主导。在唐代，儒学虽然保住了其官方思想的地位，但在现实中发挥的作用却是十分有限的。而在民间，影响更大的思潮无疑是佛教。

佛教在中国的传播

关于佛教传入中国,古代一直流传着这样一个故事。

东汉明帝有一次夜里做梦,梦见一个身上放光的神人,在宫殿前飞行。第二天他问大臣们,这是什么神。傅毅告诉汉明帝,他应该是梦见了西方的佛。于是汉明帝就派遣使者前往西域访求佛法。在公元67年,这些使者带着两位印度僧人释摩腾和竺法兰回到了东汉的首都洛阳,也带回了经书和佛像。相传《四十二章经》就是其中之一。为了安置这两位僧人和他们带来的经书、佛像,汉明帝下令在洛阳建造了中国历史上第一座佛教寺院。因为是用一匹白马驮来的经书,所以寺院就以白马寺命名。传说这就是现在洛阳的白马寺。这个故事史称"永平求法"。

直至今日,中国佛教界大多还根据"永平求法"的传说,认为佛教传入中国是在东汉永平年间,或者笼络地说,是公元一世纪。但学者多认为,佛教的传入不会如此之晚,应该早在西汉就已经传入中国了。

在汉代,中国人信奉佛教的还非常少,见于记载的级别最高的佛教信仰者,是东汉皇室的楚元王刘英。僧侣都是由西域来中国的外国人。三国时期的朱士行(203—282年),是第一位出家为僧的中国人,史称"汉地沙门第一人"。朱士行还是第一位西行求法取经的僧人。公元260年,他从雍州(今陕西长安县西北)出发,越过沙漠,最终到达于阗国(今新疆

白马寺

和田一带),抄写《大品经》的梵本,派弟子送回洛阳,而他自己仍留在于阗,后来在那里去世。

从五胡十六国时期开始,佛教在中国的传播呈加速之势,这恐怕与内迁少数民族对佛教存在一种特殊的情感有关。

早期,佛教在中国人的心目中,一直有着外来宗教的形象,佛被认为是"戎神",相对于中国传统供奉的各种神祇来说,明显是"他者"。而迁入中原地区的诸族,在中原汉族的心目中,也属于"他者",他们与汉族之间也不存在文化上的认同,他们也知道自己在汉民族心目中的这种"他者"的身份。由于佛教与迁入诸族同样被中原汉族视为"他者",两者在这一点上找到特殊的契合点,形成一种内迁诸族对佛教的独特认同。

羯人建立的后赵政权大力提倡佛教,一位汉族官员王度向皇帝石虎进谏，认为佛教属于外国的宗教，中国的帝王不应信奉，但石虎的答复却是，我虽然现在是中国的帝王，但却是来自周边的其他民族，佛教也是外来的，这正是我应该信奉的啊！

北朝各位君主大多信奉佛教，而南朝君主中，对佛教信奉最虔诚的则首推梁朝的武帝，他甚至三次将自己施舍给佛教寺院作奴隶，再让大臣们花费巨额财物给寺院，将自己赎回来继续当皇帝。

唐代诗人杜牧在《江南春》一诗中吟道："南朝四百八十寺，多少楼台烟雨中。"实际上，南朝的寺院远不止480座，早在东晋时，南方的佛教寺院就已经超过了1700座，至南朝梁，已经达到2846座了。北朝的数字还远高于此，北魏有寺庙3万余处，僧尼近200万人。到北魏分裂之后的北齐、北周时代，北方的寺庙达4万处，僧尼近300万人。

佛教传入之后，经历了一个漫长的本土化过程，南北朝时期是这一过程的关键时期。除了佛教寺院大量建立和僧人数量激剧增加之外，值得关注的现象还有中国僧人的西行求法取经。在持续几个世纪的时间里，无数中国僧人经过丝绸之路绕道中亚前往印度，学习佛教，并将在印度求得的佛经带回中国，翻译成汉语。这一翻译运动最终的结晶，就是汉语的《大藏经》。

《大藏经》又称《一切经》，包括经、律、论三藏。经是指释迦牟尼在世时的说教以及后来增入的少数佛教徒——阿罗汉或菩萨的说教，律是信徒应该遵守的仪轨规则，论是后代僧人对佛教教理的阐述或解释。目前流传的汉语《大藏经》，包含许多巴利文大藏经中所没有的内容，是汉地佛教或者说中国佛教的特色的体现。自宋开宝（968—975年）年间第一部木版雕印的《大藏经》问世后，历元、明、清至民国，共出版过木版和排印的《大藏经》21种。

以佛经的翻译为基础，中国的佛教教派逐渐形成，较著名的佛教派别有三论宗、华严宗、天台宗、法相宗、律宗、净土宗、禅宗等。直到当代，日本、韩国的佛教教派，大多都可以在中国找到其源头。

发展至唐代，中国佛教已经具有自己独特的经典、教派、仪式、文化，也已经形成非常完善的不同于印度的僧团组织、丛林制度，佛教至此完成了在中国的本土化过程，发展为中国式佛教，成为中国文化的有机组成部分。唐代以后，中国人虽然也清楚佛教最初发源于印度这一事实，但已经完全将佛教作为中国人自己的宗教加以信奉了。

由于佛教在中国迅速传播是在南北朝时期，深受当时分裂状况的影响，当时南北佛教存在比较明显的差异。在传教方法上，北朝佛教注重以巫术争取信众，南朝佛教则注重以玄学结纳士人；在佛教建筑上，北朝盛行修造石窟，南朝则注意兴建塔寺；在宗教实践上，北朝重视高僧的神迹与灵验，南朝更重视加强僧众的戒律与修行；南北所译佛经、所形成的教团也都存在差异。此外，在南方出现的有关沙门是否应该致敬王者的争论、有关僧侣"踞食"、"袒服"的争论，在北方都是未曾出现过的。相比而言，士大夫阶层中信奉佛教者与反对佛教者的矛盾与斗争，南方也比北方更激烈一些。

南北朝至隋唐，也有君主对佛教持禁止态度，其中最有名的就是所谓"三武一宗"：北魏的太武帝、北周的武帝、唐代的武宗以及后周的世宗。这几位帝王都曾对佛教进行过全面的查禁，勒令僧尼还俗，将寺院的财产收归国有，寺院或者摧毁、或者改作他用，并大规模销毁佛像、佛经。但由于佛教已经在中国深深地扎下了根，这些政令仅能在短时期对佛教形成冲击，却无法从中国根除佛教了。在每次灭佛运动之后，佛教都迅速地恢复了其原有影响力。

对这几位帝王禁止佛教的原因，历史学家多从经济的角度论述。因为佛教兴盛导致百姓大量出家为僧，从而不再服劳役，也不再从事农业生产，完全变成寄生阶层，这影响了帝国的税收和赋役。由于信众的施舍，社会财富大量流向寺院，也是令统治者不满的原因。佛教与帝国这种经济方面的矛盾一直存在，但是，由于后代的统治者意识到无法根除佛教，因而多采取鼓励佛教，但对出家的僧侣进行严格管理和限制的政策。

自佛教传入中国之初，就非常重视在精英阶层中发展信众。南北朝时期，我们能找到的僧人的籍贯，大多出自当时文化比较发达的地区，也暗示着是精英阶层最先接受了这一外来的宗教。翻译佛经的过程也推动了汉语音韵学的形成。佛教精致的哲学思想对中国思想界也形成了深远的影响，在宋以后的知识分子中，研究佛学就已经成为一种时尚。宋代大才子苏东坡甚至说："三日不读经，便觉面目可憎。"

也正是佛教在中国的传播与发展，刺激了中国土生宗教道教的最后定型。

唐代不仅是佛教在中国历史上第一次繁荣时期，也是佛教发生转折的时代。一方面，佛教作为外来宗教，在唐代最终完成了本土化的进程，形成了与印度佛教差异明显的具有中国特色的佛教。这一新形成的中国化的佛教，在后来被称为汉地佛教，或者中国式佛教，对日本、朝鲜、越南等国影响比较大。另一方面，至唐代，中国式佛教也形成了许多不同的教派，标志着佛教在中国已经走向成熟。特别是禅宗的发展，对此后中国佛教的发展影响深远，成为最具中国特色的佛教教派。

佛教宗派（上）

佛教自汉代传入中国，经过魏晋南北朝的大发展，到隋唐时期，佛教各家学派的理论发展到了一定的高度，并在各自固定的区域内广为流传，寺院经济也得到充分的发展，旨在维护各自的宗教势力和寺院财产的传法式系也逐渐建立起来。以上述四个方面为标志，隋唐时期中国佛教宗派盛行，当时最流行的佛教教派主要是天台宗、三论宗、法相宗、华严宗、律宗、禅宗和净土宗。

天台宗

天台宗，因其创始人智顗常住浙江天台山而得名，是中国最早创立的佛教宗派。

天台宗的理论起源于南北朝时期，教派创立于隋朝，到唐朝最为兴盛。有所谓"天台九祖"的传法世系。初祖龙树菩萨、二祖北齐慧闻、三祖南岳慧思、四祖天台智顗、五祖章安灌顶、六祖法华智威、七祖天宫慧威、八祖左溪玄朗、九祖荆溪湛然。

天台宗遥尊印度大乘佛教空宗的奠基人龙树为初祖，是为了标榜本派的思想来自印度的大乘佛教，是大乘佛教的正宗。事实上，龙树根本没有来过中国，更别提在中国传教了。天台宗的理论基础是由二祖北齐慧闻和

天台国清寺

三祖南岳慧思创立的,而四祖智𫖮才是天台宗真正的创始人。

慧闻是活动于南北朝时期的北齐的僧人,又作慧文,俗家姓高,山东人,但生卒年不详。12岁进寺,16岁受戒,苦修《大智度论》和《中论》,成为北朝著名的僧人。577年,北齐禁佛,慧闻率领40多名僧人由海路投奔南朝。当慧闻抵达南朝首都建康(今江苏南京)时,三祖慧思于南岳去世。事实上,可能二祖慧闻、三祖慧思两位高僧生前未曾见过面,彼此之间当然不可能存在传法的关系。

智𫖮俗家姓陈,字德安,荆州华容(今湖北潜江西南)人。世称智者大师,有东土小释迦的美誉。智𫖮17岁发愿为僧,20岁受具足戒,23岁拜慧思为师,证得法华三昧。智𫖮一生建立了36所佛寺,亲手剃度14000多名僧人,传法弟子32人,著书140余卷,其中最著名的是有"天台三大部"之称的《法华玄义》、《法华文句》、《摩诃止观》。这三部书不仅代表了智𫖮的思想，也体现了天台宗的核心理论。

除智𫖮外，慧思最重要的弟子也许当推新罗人玄光，是玄光将慧思的思想传到了今天的朝鲜半岛，为后世天台宗在朝鲜半岛的传播铺平了道路。

当慧思南下去南岳衡山隐居之时，嘱咐智𫖮前往金陵（今江苏南京）弘法传教。567年，智𫖮抵达金陵，受到南朝陈宣帝的礼遇。此后，智𫖮修行和传教的主要地点是金陵、天台山和荆州，受到南朝陈和隋朝两朝皇帝的礼遇，特别是与隋炀帝保持着密切的往来。官方的支持，是天台宗得到巨大发展的重要原因之一。

天台宗将《法华经》作为理论经典，因此又被称为"法华派"。天台宗的理论核心是"三谛圆融"和"一念三千"。修行原则是止观并重、禅慧双修，并提出"五时八教"的判教理论。

智𫖮发展了慧文提出的"一心三观"说，提出了三谛圆融说。所谓三谛圆融的"三谛"，是指空、假、中。佛家认为，大千世界的任何事物都具有空、假、中这三个方面，一切事物都是这三个方面的显现。在天台宗的理论中，空、假、中是相互交融的，空即假、中，假即空、中，中即空、假，举一即三，全三即一，这就是所谓的三谛圆融。

天台宗的三谛圆融的理论，不仅体现了天台宗以空、假、中"三谛"解释世界的理论特色，更体现了天台宗特有的圆融精神。在"会三归一"的精神指导下，天台宗融合佛教各派理论学说和中国传统文化，成为中国第一个佛教宗派。

"一念三千"一语出自作为天台三大部经典之一的《摩诃止观》，意思是，在人当下的每一个念头之中，都完整地包涵着现象世界的一切，种种现象都存在于人的一念之中。

"一念三千"是智𫖮所提倡的修行法门，从一念之中包括着现象世界的一切出发，天台宗认为，人的一念是决定人归宿的关键，也是佛教讲究的因果报应的关键。一个坏的念头，自然会种下坏的"因"，使人将来要因此而尝受恶果。因此，修行的关键就是要端正人的意念，只有意念端正，才能在正确的思维指导下做善事，不做恶事，甚至根本不起恶念，这样才能修成正果。为此，天台宗提出"诸恶莫作，众善奉行，自净其意"，就是说，不要做任何坏事，要尽力去从事种种善事，而且要端正自己的意念。

判教是中国佛教特有的一种观念，指对全部佛教经典和学说进行归类和划分等级，而这种划分一般来说体现着判教者对教义和教派思想的认识，构成教派的重要理论基础之一。事实上，中国佛教中之所以流行判教，就是为了站在特定的立场上，对佛法进行分类和评判，划分不同类佛法的深浅、高下以及它们的理论和表述方式的特色等，以证明自己信奉和坚持的教义理论的合理性和优越性。

天台宗的判教是"五时八教"，是对"五时"和"化仪四教"、"化法四教"的统称。

五时为：一，华严时，指释迦牟尼刚刚得道之后讲《华严经》之时；二，鹿苑时，指释迦牟尼成道12年以后，在鹿野苑讲诸部《阿含经》之时；三，方等时，指在鹿野苑时之后的8年，释迦牟尼讲各种《方等经》之时；四，般若时，指在方等时之后22年，释迦牟尼讲诸部《般若经》之时；五，法华、涅槃时，指般若时之后的8年，释迦牟尼讲《法华经》和《涅槃经》之时。需要说明的是，这种时间顺序是根据教义的需要来排列的，并不代表经典形成先后的真实次序。

"化仪四教"是指：顿教，指《华严经》所讲的不经过种种修行的层次，顿至佛位的教义；渐教，指从讲诸部《阿含经》到《般若经》，这需要依次修行；秘密教，指各人听到的与自己理解能力相适应的教义；不定教，指各人听到的与自己的理解能力相应的教义，但各人有不同的理解。

"化法四教"是指：藏教，指小乘三藏，即经、律、论的教义；通教，指诸部《般若经》；别教，专为菩萨所讲的其他方等经典，也就是大乘的经典；圆教，指《法华经》的教义，意思是，这是圆满、圆融的教义。

在人性论方面，天台宗认为，既然人可以行善，又会作恶，而人的行为是受人的本性影响的，可见人的本性既有善的一面，也有恶的一面，这就是其非常著名的"性具善恶"说。

智𫖮以后，天台宗著名的僧人有其弟子灌顶(561—632年)和湛然(711—782年)。湛然提出"无情有性"理论，认为木石等无情之物也具有"佛性"，这对天台宗的教义是重大的发展。灌顶和湛然在天台宗的发展中发挥了重要任用。

北宋时，天台宗出现分裂，分为山家和山外两派，后来山外派逐渐衰落，变成山家派一派独传的情况。

天台宗理论体系严密，独具特色，不仅在中国有较大影响，还传播到日本、韩国。9世纪初，日本僧人最澄将天台宗传到日本。平安时代（784—1192年），天台宗与真言宗并行发展，史称"平安二宗"。13世纪，日莲宗自天台宗中独立出来。天台本宗、日莲宗在日本一直兴旺至今，近代日本新兴的几十个佛教团体中，有70%属于日莲宗一系。

天台宗虽然在唐朝唯识宗和华严宗兴起后，从兴盛走向衰微，但其理论和精神对隋唐以后中国佛教的发展以及各宗派的确立影响深远，以至于形成"教在天台，行归净土"的说法。天台宗的发源地，浙江天台山国清寺，至今香火兴旺，是名扬中外的宗教旅游胜地。

三论宗

三论宗，由于重视龙树的《中论》、《十二门论》和提婆的《百论》等三部名称中都带有"论"字的经典而得名，又名空宗或法性宗。

三论宗的传法世系说法不一，但一般都上溯到龙树、提婆，其次以翻译"三论"的鸠摩罗什为中土始祖。在南北朝时期，三论学是影响非常大的一派佛学理论。僧肇、昙济、僧朗将这一派的学说发扬光大，传播到南方。但直到其弟子僧诠、法朗之时，三论学还只是一个理论学派，而非佛教的宗派。

法朗的弟子吉藏，提出"二藏三法轮"的判教理论，融合佛教诸家学说，创立"诸法性空"的中道实相论，三论宗才正式由一种理论转化为佛教的一个宗派。

吉藏（549—623年），俗姓安，祖籍安息，后来迁居南海，再移居金陵。7岁出家，师从陈、隋之际的名僧法朗，博览经论，潜心研习。19岁就能为法朗复述经论，其言论精辟，受到大家的称赞。

隋灭南朝陈时，因为战乱，寺庙荒芜，僧侣四散，吉藏在战乱中前往各寺院收集佛经，整整装满了三间大屋。吉藏通过整理和研读这些著作，形成了自己的理论体系，为三论宗的形成打下了基础。

隋文帝时，晋王杨广在长安建立日严寺，请吉藏居住。吉藏在长安著书立说，写成《中论疏》、《百论疏》和《十二门论疏》等，创建了三论宗的理论体系。唐灭亡隋后，吉藏被唐王室尊为统辖全国僧侣的"十大德"之一。

吉藏传教50余年，弟子众多。其中高丽僧人慧灌把三论宗的教义传入日本，成为三论宗在日本的祖师。

三论宗最具特色的思想是"二谛说"和"八不中道说"。

二谛是佛教的传统说法，"谛"的意义是真实不虚之理，二谛就是两种真理的意思。二谛，一是真谛，也称第一义谛、胜义谛；一是俗谛，也称世谛、世俗谛。这本来是佛教内部讨论得比较多的问题，但三论宗另立名目而加以论述，形成自己的思想体系。最重要的是吉藏提出的"四重二谛"，就是从四个层面提出自己对二谛说的理解。同时，吉藏也指出，对于二谛，既不能执著于俗谛，也不能执著于真谛，而应该领悟二谛是相通的，这就是"二谛中道"。

八不中道出自《中论》中的一句话："不生亦不灭，不常亦不断，不一亦不异，不来亦不去。"这是印度佛教的中观派对世界和人生所作的概括说明，指一切现象或事物都是由于因缘聚散而有生有灭，但在本质上却是没有生灭的，如果人认为真的存在着现象或事物的生灭，这就是偏执于某个极端了。抛开了两个极端，就能走上中道，"八不"，就是容易导致人偏执的八个极端，不执著于这八个极端，就是"中道"，所以这种思想称"八不中道"。突出八不中道，就是要在修行中做到没有执著，心无挂碍。

三论宗的判教是二藏三法轮说。二藏，一为声闻藏，又称小乘教，包括《阿含经》等；一为菩萨藏，又称大乘教，包括《华严经》等大乘佛教的经典。三法轮，又称三转法轮，一为根本法轮，指释迦牟尼刚刚成道时，对菩萨所说的《华严经》，这属于一乘之教，是所有佛法的根本，所以称为根本法轮。二为枝末法轮，因为众生对于一乘教，不容易了解，因此释迦牟尼才又说《阿含》、《般若》、《方等》诸经，这些经典，对于根本法轮，也就是《华严经》来说，属于枝末，所以称为枝末法轮。三为摄末归本法轮，指释迦牟尼说《法华经》，会三乘归一佛乘，即摄枝末归于根本，所以称为摄末归本法轮。

三论宗继承了大乘佛教中空宗的理论，所宣扬的"空"，极其抽象，不仅普通百姓难以接受，就连修为一般的人也不易理解。因此，三论宗兴起于梁而止于中唐，流传仅300余年，就走向衰微了。但是，其思想并未随着教派的衰微而消失，反而被后来兴起的各宗派所吸收，具有比其宗派更为长久的生命力。

法相宗

法相宗，又称唯识宗，其理论核心是通过分析一切事物的"法相"而得出"万法唯识"的结论，因此而得名。由于法相宗的创始人玄奘及其衣钵传人窥基，常年居住在唐朝首都长安的慈恩寺，也被称为慈恩宗。

玄奘（600—664年），俗家姓陈，原籍陈留（今河南开封东南），在其祖父时举家迁居缑氏（今河南偃师东南）。玄奘自幼父母双亡，随哥哥捷法师在洛阳净土寺居住，13岁出家，21岁受具足戒。为解决学习佛法中遇到的疑难问题，也为了从印度求到《十七地论》（《瑜伽师地论》）的原本，玄奘于627年西行取经。

自三国时期的朱士行之后，无数中国僧人前往印度取经，而其中成就最大、影响最大的无疑首推玄奘。中国四大名著之一的《西游记》，就是以玄奘取经为背景的一部神话故事。

631年，玄奘进入印度佛教最高学府那烂陀寺，随戒贤法师学习《瑜伽师地论》等唯识学派的经典，并且广学因明（逻辑和认识论）、声明（语言文字、音韵、语法）、医学等学问，成就斐然，不仅曾在那烂陀寺为僧众讲经，而且曾受戒日王的邀请，担任由五印度18位国王、3000位大小乘佛教学者和外道2000人参加的曲女城佛学辩论大会的论主，任人问难，但无一人能将他问倒，玄奘一时名震五印度。

玄奘于645年返回长安，共带回大小乘佛教经典52筐、657部。在此

玄奘画像

后的20年中，玄奘先后译出大小乘经论共75部、1335卷。中国古代佛教四大翻译家——后秦的鸠摩罗什和唐代的义净、不空以及玄奘，论翻译佛经的成就，玄奘无疑居于首位。玄奘所译佛经语言优美、流畅、准确，而且还保留了原书的文风，被称为"新译"。

玄奘著有《成唯识论》十卷，奠定了法相宗的理论基础。他还将西行取经19年的经历和见闻写成《大唐西域记》一书，是我们今天研究中亚、印度历史与文化的宝贵资料。据说，玄奘还曾把《老子》和《大乘起信论》翻译成梵文，介绍到印度。

玄奘驻慈恩寺期间，追随他学习的僧人上千人，其中最著名的是窥基。

窥基（632—682年），俗姓尉迟，字洪道，是唐代右金吾卫将军尉迟敬宗之子，17岁出家，奉敕作玄奘的弟子，曾协助玄奘翻译佛经。窥基的著作很多，被称为"百部疏主"。他的弟子智通、智达，把法相宗传入了日本。

法相宗直接继承印度瑜伽行派，并严格遵守其经典教义，印度文化色彩浓厚。其所依据的经典主要是"六经十一论"，其中最重要的是《解深密经》和《瑜伽师地论》。最主要的内容是三自性说、唯识说，以及"三时"判教理论。

唯识宗认为人有"八识"，分别是眼识、耳识、鼻识、舌识、身识、意识、末那识、阿赖耶识。其中眼、耳、鼻、舌、身五识是感识，只认识具体的对象；意识专管思量，末那识负责将前六识的信息传递给第八识，而第八识阿赖耶识才是人的精神主宰，亦称为"善恶业因"、"未来果报"。八识互动，形成从无始以来、变化无常、无暂时停息的心灵世界。世界以及万物都是"识"的变化而已，在意识之外不存在独立的客观世界，世界也就是意识的产物。也就是说，不同的心灵活动造就了不同的心灵世界。人天、畜生、恶鬼或地狱，都是心所造就，而不是有一个预先设置的地狱或天堂。

所谓三自性，是指"遍计所执性"、"依他起性"、"圆成实性"。遍计所执性，指由于普遍地观察思考，产生了对事物的虚幻的理解与认识，以为自我是真实存在的、佛法是真实存在的，由此形成对一切事物的具体的认识，这都是错误的。依他起性，指认识到一切现象都是由心识派生出来的，认识到一切的现象都是虚幻的，而不是真实存在的。也就是说，这是发现了遍计所执性的错误根源，认识到一切现象只是相对的真实，而不是绝对的真实。圆成实性，是在依他起性的基础上，消除了由遍计所执性导致的错误认识，理解了一切现象都只是心识的幻化，包括自我与佛法，莫不如此，在此基础上，才能认识到"真如实性"，也就是绝对真理，这才是最正确的认识。

窥基根据《解深密经》，提出"三时"判教说。

第一时，释迦牟尼说《阿含经》时，此时还只是讲到自我的存在不是真实的，因此，小乘佛教还错误地认为，佛法是真实的。

第二时，释迦牟尼讲《般若经》时，讲到自我和佛法都是不真实的，于是就有人将自我和佛法都是"空"奉为最高真理，形成了对"空"的执著。

第三时，释迦牟尼为了破除上述两种执著，便说一切都出自心识的变化，都是不真实的，这才是"中道"之教，才是最正确的。

由此不难看出，法相宗最核心的教义在于，认为一切事物和现象都是不真实的，唯有心识才是真实的，因此该派才被称为"唯识"宗。因此要求人们破除对一切的执著，既不能执著于任何的物质现象，也不能执著于空，这样才能进入绝对真理。

由于法相宗严格地继承了印度的佛学思想，理论烦琐、复杂，又固守一些不适合中国国情的教义，因此，盛极一时的法相宗仅仅过了几十年就衰落了。从玄奘至窥基，再到窥基的弟子们，前后也只传了三代，就渐渐无人提起了。

华严宗

华严宗，因以《华严经》为最高经典而得名。华严宗的传法世系为法顺、智俨、法藏、澄观、宗密五祖，而法藏才是华严宗的实际创始人。

初祖法顺，俗姓杜，因此又被称为杜顺和尚，最早提出"五教"的说法，将《华严经》推到佛教最高经典的位置。其弟子智俨专攻《华严经》，著述众多，并在各个寺院大力宣讲，因此被尊为华严宗的二祖。

法藏（643—712年），祖籍中亚的康居国，因此以康为姓。658年，法藏到歧州（今陕西扶风）法门寺内的阿育王舍利塔前，燃一指供养，此后开始广泛学习佛教典籍。在20岁左右时，前往法华寺师从智俨。670年，武则天为给母亲祈福，施舍他在长安的私宅建立了太原寺，并剃度僧人，法藏就在此时正式出家进入太原寺。

法藏曾先后于太原寺、云华寺讲解《华严经》，武则天命京城十大德为授具足戒，并赐以贤首之名，因而人称法藏为"贤首国师"。为了使武则天能明白《华严经》的真正意义，法藏以武则天金殿前的金狮子作比喻，深入浅出地阐释其精深的意义，其文字记录便是著名的《华严金狮子章》。法藏还曾参加或主持了多次的佛经翻译工作。法藏著作众多，流传到今天的还有23部。

华严宗的主要思想是法界缘起、四法界、十玄门、六相圆融等学说。

所谓法界，其意义可以从两个方面去理解，一是"理"，就是最高的精神本体；一是"事"，就是世间的万事万物，既包括物质现象也包括精神现象。所谓缘起，按字面理解，就是借助于某种因缘而生成各种各样的现象。因此，法界缘起的意思是，一切现象都是凭借某种因缘，由最高精神本体也就是"法界"生成的，都只是作为万物本原的"真如"所变化出来的现象而已。

四法界包括事法界、理法界、理事无碍法界、事事无碍法界。大体说来，事法界指的是现象界，其特点是，事物之间存在着无限的差异，每个事物都是具体的，人的认识都要从认识具体的事物开始，但华严宗认为，这一切事物都是不真实的，如果将此作为认识和思考的出发点，就会误入歧途了。理法界是本体界，是存在于一切事物之中的理，不是物质的而是精神的，它与任何世俗的精神活动完全不同，在华严宗看来，这才是认识真正开始的阶段。理事无碍法界，是认识到事与理是不相分离的，是不相违背的，这是更高一级的认识了。事事无碍法界，则是认识到千差万别的事物，其理是相同的，所以它们彼此之间也可以相互融通，这才是认识的最高境界，也就是佛的境界。

所谓十玄门，是从10个方面论证作为整体的佛法各种法门之间的关系。具体分为：

1.同时具足相应门，指佛法虽然存在许多不同的法门，但它们的形成没有先后之分，即"同时"，彼此都没有欠缺，即"具足"，而且彼此之间是存在普遍联系的，即"相应"。

2.因陀罗网境界门，是以神话中帝释天宫里的"因陀罗网"为比喻，形容佛教的各种法门以及世间的所有现象，都处于一种你中有我、我中有你的状态。

3.秘密隐显俱成门，指各种法门和所有的事物，不论是"隐"是"显"，都出自同样的本质，这些不同的状态，同样都是对其本质的反映。

4.微细相容安立门，指事物虽然有大小之别，但都是可以相互包容的，并不会相互妨碍。

5.十世隔法异成门，指过去、现在、未来三世中各有三世，再加上表示最短时间的一念，合为十世。十世本来是存在区别的，即隔法，但是它们又能够在人的思想中统一起来，实现一种有差异的统一。

6.诸藏纯杂具德门，指佛教的各种法门之间是相互联系、相互包容的，因此，修行其中的一种法门，就会得到修行所有其他法门的回报。

7.一多相容不同门，指各种法门之间存在相通的道理，所以任何一种法门都能包容其他各种法门，但是，它们又保留自己的特殊性。

8.诸法相即自在门，指任何一种法门都可以转化成其他法门，并且圆融无碍。

9.唯心回转善成门，除了心之外没有其他真实的事物，善恶全出自于心。

10.托事显法生解门，各种法门都可以表现共同的佛理，因此，只要任意选择一种法门，都可以明白佛教的真理。

六相是指总相、别相、同相、异相、成相、坏相。六相圆融是指此六种相之间是可以相通的，事事无碍。

五教是：小乘教，也称愚法二乘教；大乘始教，也称权教；大乘终教，也称终教；顿教；圆教。十宗是：我法俱有宗、法有我无宗、法无去来宗、现通假实宗、俗妄真实宗、诸法但名宗、一切皆空宗、真德不空宗、相想俱绝宗、圆明具德宗。这种判教理论的意义在于，有意贬低了在唐朝初年盛行的天台宗和法相宗，将之分别置于终教和始教的地位，而把华严宗置于最高的圆教地位，为华严宗的创立和传播制造舆论。

华严宗在武则天的支持下立宗，其兴盛很大程度上与法藏与武则天的密切关系有关，因此，在武则天去世后，华严宗就呈衰落之势，最终因唐武宗灭佛而一蹶不振。直到宋朝初年，才稍有复兴。但华严宗传入日本后，却备受推崇，成为日本佛教八宗之一。

佛教宗派（下）

相传佛祖释迦牟尼在世时，为了约束僧众，制订了种种规约戒律。释迦牟尼去世后，迦叶尊者和五百罗汉在七页窟结集佛教三藏，分别是经藏、律藏和论藏。此后，精通经藏的僧人被称为经师，精通律藏的僧人被称为律师，精通论藏的僧人被称为论师，精通三藏的僧人才能称为三藏法师。后来，由于佛教各派对戒律的理解不同，所传的戒律也有所不同，因而形成了不同教派的戒律经典。而后，一个重视钻研和行持戒律的佛教宗派应运而生，这就是律宗。

律宗

律宗是佛教宗派中比较特别的一家，因为律宗兼顾小乘佛教的三法印，同时又秉承大乘佛教的一实相印，因此有"兼小通大，大小通融"之誉。律宗主要依据的经典是五部律中的《四分律》，因此又名四分律宗。

在佛教传入中国之初，律藏比经、论两藏传入时间要晚，而且五部律不全。直到曹魏时，印度昙柯迦罗尊者到洛阳，见中国佛教戒律不全，中国僧人只落发而不受戒，才开始创立受戒的准则。中国佛教的律典，经过数百年的转译，才逐渐完备。在各部律译出之后，都曾经盛行一时。早期最盛行的是《十诵律》，《四分律》刚被译出之时并不受重视。到唐中宗时，

《十诵律》被明令禁用，《四分律》才开始在各地普遍盛行。

律宗的实际创始人是唐代高僧道宣律师。

道宣（596—667年），俗家姓钱，润州丹徒（今属江苏）人。12岁入长安日严寺，20岁在大禅定寺受具足戒。他主要继承了智首的律学思想。自624年开始长住终南山，因此他开创的律宗也被称为南山律宗。他与药王孙思邈是好朋友，还曾参加过玄奘主持的译经活动。道宣一生著作很多，除了关于佛教律学的著作以外，还有《续高僧传》30卷、《广弘明集》30卷、《大唐内典录》10卷，对我们今天研究中国佛教史都具有重要的价值。

在道宣以前，研究和提倡《四分律》的还有法砺创立的相部宗、怀素创立的东塔宗，在佛教界也曾经具有一定的影响，但在唐末便衰落下去了。道宣开创的南山律宗逐渐成为在中国佛教界占据正统地位的律学。

律宗以《十诵律》、《四分律》、《摩诃僧祇律》、《五分律》和《毗尼母论》、《摩得勒伽论》、《善见律毗婆沙》、《萨婆多论》、《明了论》为基本经典，通称四律五论。由于开创律宗的道宣律师认为《四分律》内容上属于大乘佛教，因此格外推崇。

戒法、戒体、戒行、戒相四科为律宗教理的主要内容。戒法是指佛陀所制定的戒律，戒行是指戒律的实践，戒相是指持戒时所表现出来的相状差别，如五戒、十戒、二百五十戒等。戒体是受戒弟子从师受戒时所产生而领受在自心的法体，即由受戒在心理上构成一种防非止恶的功能。律宗的核心理论就是戒体论。也就是说，众生应该以戒法为思想行为的规范，发自内心的依戒修行，由此获得禅定和智慧，就能脱离苦海。

此外，律宗将释迦牟尼所制的戒律归纳为"止持"、"作持"两类，意为诸恶莫作、众善奉行，还包括安居、说戒以及衣食坐卧等行为规范。

唐天宝十三年（754年），道宣的三传弟子鉴真东渡日本，在奈良东大寺佛殿前筑坛传戒，弘扬戒律。日本天皇将全国传授戒律的大权托付给鉴真，天皇、皇后、皇太子依次受戒。如果没有经过指定的戒坛受戒，就不能取得僧籍。因此，大批僧人主动受戒，鉴真是日本佛教史上正规传戒的开始，成为日本律宗初祖。

律宗是中国古代最有影响的佛教宗派之一。汉地佛教僧尼受戒、持戒一直奉行四分律。弘一法师（李叔同）就是近代中国最著名的一位律宗高僧。

净土宗

净土宗，因专修往生阿弥陀佛极乐净土的法门而得名，最大特点就是修行方法简易，只要念佛即可。净土宗以"三经一论"，即《无量寿经》、《观无量寿佛经》、《阿弥陀经》和《往生论》为经典。

不同于其他宗派，净土宗的传法世系比较独特，各位大师之间不是师徒关系，而是看他们对净土宗的贡献，推举而来。中国净土宗的十三祖分别是：慧远、善导、承远、法照、少康、延寿、省常、袾宏、智旭、行策、实贤、际醒和印光大师。但实际上，净土宗的理论先驱是昙鸾和道绰，真正的创始人是唐代的善导。

昙鸾依据龙树所著的《十住毗婆沙论》而作《往生论注》，认为在世风混沌的状态下，依靠自己的力量得到解脱是一种很难行得通的修行途径，必须依靠佛的愿力修行，才能往生西方极乐净土，这才是容易操作的修行途径。更重要的是，昙鸾提出，只要一心念阿弥陀佛的名号，死后就可以往生极乐净土。道绰继承了昙鸾的理论，著有《安乐集》，大开净土门，要求人人身体力行，坚持"称名念佛"。昙鸾和道绰为净土宗的创立奠定了理论基础。

善导在大力弘扬净土法门的同时，提出念佛的动因和方法，完备了净土宗的理论体系,推动了这一宗派的创立。

净土宗认为,西方净土是一个极乐世界,众生只要信仰阿弥陀佛,念其名号,便可在死后往生西方极乐世界。净土宗的理论最具有吸引力的地方,就是这种简单易行的修行方法。信仰净土宗,不需要研读佛经,不用静坐参禅,也不用参悟思考,只要有信念,一心念阿弥陀佛的名号,就可以进入极乐世界。

据说,西方净土有一个七宝池,池中长满莲花。凡往生西方净土的人,都要先投生为莲,待到莲花盛开,此人才真正进入净土生活。因此,东晋时专修净土法门的团体自称"莲社",净土宗也称为"莲宗"。

由于理论简单,修行方法容易,净土宗在普通民众中影响很大。唐武宗灭佛后,许多佛教宗派都走向衰弱,净土宗的生命力却特别顽强。虽然净土宗理论思辨性不强,对佛学理论的发展作用不大,哲学层面建树较少。但是净土宗发展到后期,与禅宗合流,禅净双修成为唐以后中国佛教发展的基本方向。

禅宗

禅宗的"禅"字,是对梵文"禅那"的音译,意思是静虑、思维修、定慧均等。最初,这是指经由精神的集中,以进入有层次冥想的过程,是佛教的一种神秘主义修行方法。这种修行方法因为是佛教最基本的修行方法之一,因而被称为"三无漏学"之一,也是大乘"六波罗蜜",即获得解脱、达到彼岸的六种途径之一。

但是,作为佛教宗派之一的禅宗的"禅",并不是指某一种特定的修行方法,而是指证悟到本性的一种状态。当禅宗成为中国佛教的特色,深入人心之后,在中国,禅更多地是代表着一种心境和一种洒脱的生活态度。

佛教的禅宗最早传入中国是在南北朝时期。所谓"西天二十八祖"就是自佛教创始人释迦摩尼之后的第28代禅宗的导师——菩提达摩，从海路进入中国南方传教。传说菩提达摩曾经见过南朝大力提倡佛教的梁武帝，但两人的谈话并不投机，此后，菩提达摩即离开南朝北上，最终在今河南嵩山的少林寺住了下来。作为中国禅宗的发源地，少林寺也被称为"禅宗祖庭"，可是在今天，对于大多数中国人来说，少林寺之所以闻名，并不是因为它是禅宗的发源地，而是因为它是中国武术的圣地，中国民间流传着许许多多关于少林寺僧人习武的故事。

菩提达摩的正宗传人是慧可。此后，大师的传承连续四代是一线单传，慧可之后分别是僧璨、道信、弘忍，连同菩提达摩一起，被称为禅宗的"东土五祖"，即在中国的五代导师。

弘忍之后，禅宗分裂为南北两支，北支的创始人神秀、南宗的创始人慧能，都是弘忍的弟子，分别被南、北二支奉为"六祖"，即禅宗在中国的第六代大师。唐代中期以后，北支逐渐衰落，后来形成的禅宗分支称"五家七宗"，即临济宗、曹洞宗、沩仰宗、云门宗、法眼宗等五家，加上由临济宗分出的黄龙派和杨岐派，合称为七宗，都是慧能的传人。现在中国人所说的禅宗六祖，一般就是指慧能。慧能最早传法的南华寺，坐落在今广东省韶关市曲江县马坝东南七公里的曹溪河之畔，因而，后世的禅宗也自称曹溪正宗，一些禅宗的寺院称曹溪寺，也有人将禅宗称为中国佛教的曹溪派。

沩仰、法眼二宗在宋元时代相继衰微断绝，临济、曹洞与云门三宗则延续至今。

最初来中国传播禅宗的菩提达摩，在江南没能得到发展，才渡江北上，但至六祖慧能回广东传教之后，江南地区反而成为禅宗最主要的流传区域，禅宗的大师集中于今广东、湖南、湖北、江西、浙江一带。也就是说，当中国进入第二次南北朝时代，北方的辽金与南方的宋相对峙的时代，禅宗的传播主要是在宋朝的境内。

禅宗南北二支的分歧主要是在达到开悟也就是解脱的途径上，北宗强调坐禅，认为人需要经过长期的修行，才能一点一点地开悟，即"渐悟"，而南宗强调，人可以通过某种外在的机遇，在瞬间开悟，即"顿悟"，因

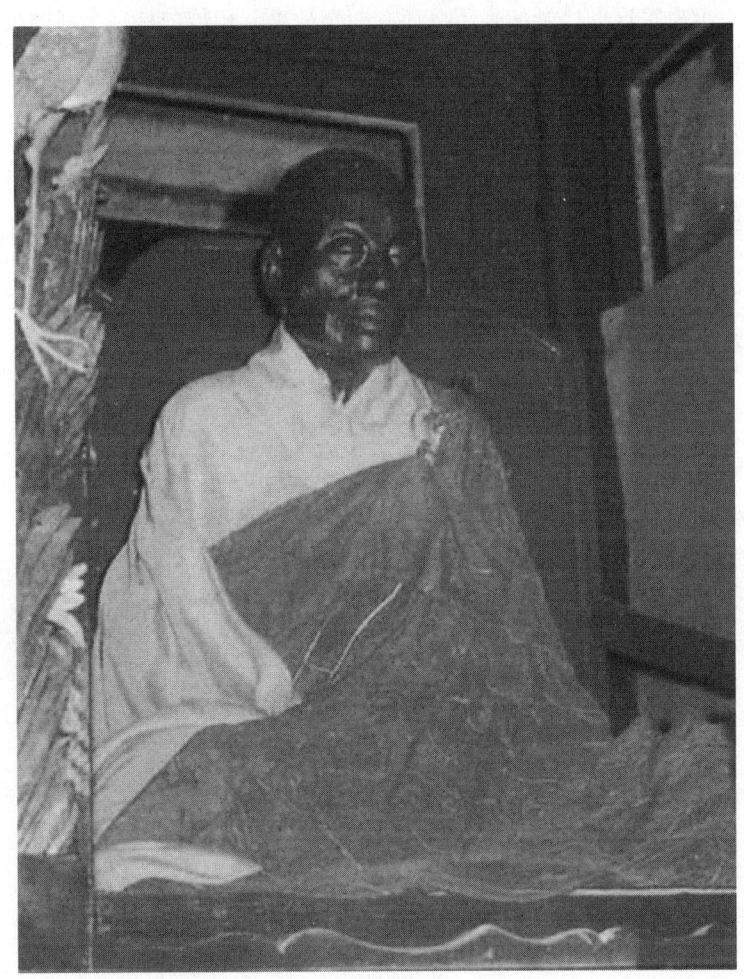

慧能肉身

此北支也被称为渐教，南宗也被称为顿教。

禅宗的口号是：不立文字，教外别传；直指人心，见性成佛。禅宗认为自己才是释迦牟尼通过独特的方式传下来的佛教的正统，是佛教的真谛，与其他佛教派别不一样之处在于，禅宗的真精神不是通过写成文字的佛经来传播的，而是以心传心，使人明心见性，见性成佛，修成正果。这一口号似乎与禅宗南支的主张更贴近一些。

关于禅宗这一口号的来历，还有一个故事。相传，有一次释迦牟尼在灵山为众人说法，手拈金婆罗花，面带微笑，一言不发。在场的所有人都不解其意，只有摩诃迦叶尊者会意地微笑。于是，释迦牟尼称："吾有正法眼藏，涅盘妙心，实相无相，微妙法门，不立文字，教外别传，付嘱与摩诃迦叶。"这段话的大概意思是说，释迦牟尼将佛教的真正精神，最微妙的法门，都传授给了摩诃迦叶，这种传授是以心传心，而不是通过文字。也就是说，这种佛教的真正精神并没有记录在佛经中。

五家七宗谱系

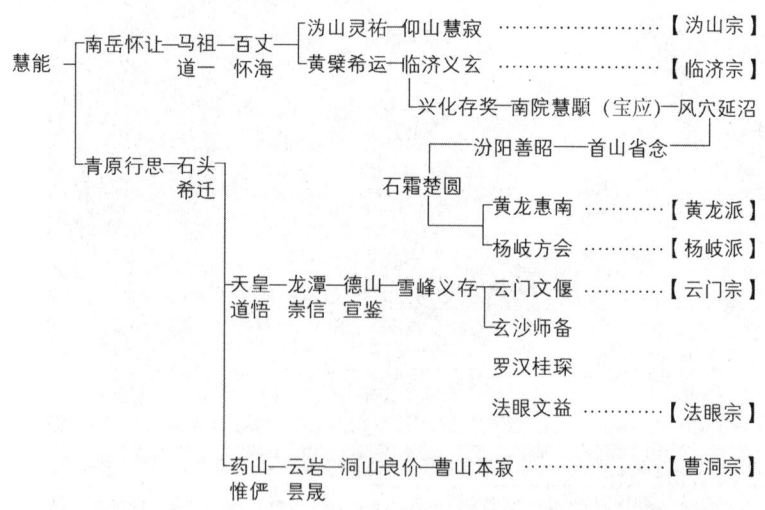

禅宗的理论实际上源于人人皆可成佛的思想。六祖慧能提出："心性本净，只要明心见性，即可顿悟成佛。"在修行方法上，禅宗不强调读经，也不要求必须出家。因为禅宗认为，"禅"是一种超越一切的灵性世界。而语言和文字会束缚思想，因此，真正的"悟"只能产生于自己的亲身感受，而不是语言、文字可以表达的。

禅宗所讲的"顿悟"，是指超越一切时空、因果，从一切世事和所有束缚中解脱出来，从而"超凡入圣"，不再拘泥于世俗世界。因此，禅宗不要求修行环境，无论是在寺院出家，还是在红尘中生活，只要有机缘，就能顿悟成佛。禅宗认为身处尘世中，而心在尘世之外是一种境界。禅宗不单要求众人"从凡入圣"，更要"从圣入凡"。也就是说，得道与否，不在于日常生活的差异，更重要的是精神世界。

到明朝中晚期，禅宗开始与净土宗合一，并表现出儒、释、道三教合一的趋势。晚明至清朝，禅宗理论不再发展，僧人只以念佛坐禅为务，不再关心俗世，禅宗也就不再具有生命力，走向了衰落。

到清末民初，虚云大师(1840—1959年)重振禅宗，苦行百余年，历坐15个道场，一身兼承禅门五宗，信徒百万，成为近代禅宗中兴之祖。

禅宗是中国佛教宗派中流传时间最长、影响最广的一支。不仅在中国佛教中占有主导地位，还传到日本、韩国。在镰仓时代，禅宗传入日本，获得幕府的支持，形成日本特有的禅宗传统。在日本的武士道、茶道、插花、武术、文学等方面，都可以看到日本禅宗的影响。二战以后，日本著名的禅学思想家铃木大拙，将禅宗的思想介绍到欧美，将禅宗的影响力推广到世界各地，被誉为"世界的禅者"。

除上述天台宗、三论宗、法相宗、华严宗、律宗、禅宗和净土宗外，隋唐时期流行的佛教宗派还有密宗、三阶教等。这些佛教宗派都是立足于不同的佛教经典,来阐释自己的思想体系,提出各自的判教思想和修行方法,以圆融精神建立适应中国本土文化的宗教理论,最终形成具有中国特色的佛教宗派,以及独特的中国佛教文化、佛学精神,对中国思想文化形成深远的影响。在宋代以后,中国的各种思想派别几乎无一不渗透着佛教的精神,包括此后居于统治地位的新儒学——理学。

理学时代（上）

魏晋南北朝至隋唐,是漫长的儒学衰落时期,儒学先是受到玄学的冲击,后是受到佛道两教的冲击,一直不是思想界的主流。至宋代,儒学才最终迎来了复兴的时代。宋代也是儒学内容得到重大发展的时期,是历史上儒学最重要的转型时期,在此时期形成的理学,成为此后中国思想界的主旋律,儒学再次恢复了独尊的地位。因此,我们可以称宋以后的中国思想史为理学的时代。

儒学的复兴

唐朝初年,唐太宗李世民命颜师古校勘儒家五经的各种版本,整理出"五经定本",在此基础上,又由孔颖达统一各种注释,编写了"五经正义",作为科举考试的官方指定用书。从表面上看,这一举措终止了儒学内部的种种争论(最典型的如今古文之争),有助于儒学思想的统一。但正是这种经学的思想统一,使儒家思想失去了发展的活力,在某种意义上,实现了儒学的"终结",导致了儒学的真正没落。

自儒学在西汉成为官方的学说之后,对儒家经典的研究就一直存在两种不同的取向:一种以今文经学为代表,重在阐释儒家经典中包涵的微言大义,也称为义理之学;一种是以古文经学为代表,重在对儒家经典的字辞以及其中涉及的典章、掌故进行注释,也称为注疏之学。唐代官方的儒学,显然是继承了注疏之学的研究取向。

但在唐代,也有一些学者对官方的儒学研究取向持反对态度,他们有意不按照朝廷颁布的"正义"的路子去研究儒家经典、代表人物和代表作,包括啖助、赵匡、陆淳、卢仝等人对《春秋》的研究,韩愈和李翱合写的《论语笔解》,陆希声写的《易传》,高重的《春秋经传要略》,陈岳的《春秋折衷论》等都属于此类。这些著作或是抛开后人的注疏去研究经传,或是把"春秋三传"放在一边,直接研究《春秋》,不仅对后人的注释,甚至对经典本身都提出疑问,汉代以来经学研究中奉行的"师法"、"家法"就更是被抛在一边了。

但是,在唐代,这毕竟只是少数学者的做法,在当时对思想界的影响也不大。经过唐末五代的战乱之后,唐朝人的这些改革儒学的思想就已经全部荡然无存了。北宋初年,刊刻了唐人的"九经正义",谨守唐朝官方的"正义"之法,科举考试一律以官定的"正义"为准。

直到宋仁宗庆历年间(1041—1048年),出现了一批学者,对汉唐的经学进行批判,如孙复、胡瑗、石介、范仲淹、欧阳修、周尧卿、刘颜、陈襄、李觏等。在此后的短短几十年时间里,对汉唐经学的批判以及由此而来的疑古之风,成为宋代思想的主流。儒学研究的风尚为之一变。

需要提到的是王安石变法对此次儒学研究取向的转型起到了推动作用。王安石变法的重要内容之一,就是对科举制进行的改革。1071年正式改革科举考试内容,用策论代替了诗赋,用对儒家思想的阐释代替了对儒家经典的记忆和解释。此后,又由王安石编定、官方颁布《三经新义》,即《诗经》、《尚书》、《周礼》三部儒家经典的新的注释本,作为全国学校的统一教材和科举考试的范本。此后,义理之学彻底取代了注疏之学,儒学进入一个新的发展阶段。

北宋开始的这一次儒学的转型,不仅是对儒家思想和经典的研究取向、方法的变化,对经典本身也形成了不同于前代的认识。

在儒家的"五经"中,北宋初年的学者们更重视的是《春秋》和《周礼》,因为这两部书的内容与体例,更便于他们从中对儒家的思想进行引申。《孟子》一书,汉代以来一直被归入"子部",只被认为是后代儒家学者的著作,并不被视为儒家的经典。而自唐代以来,《孟子》的地位越来越高,至北宋末期,逐渐上升为儒家的经典之一,至南宋,更是与《论语》以及自《礼记》

一书中抽出来的《中庸》、《大学》一起，合称为"四书"。在朱熹作《四书集注》之后，"四书"作为儒家经典的地位最终得以确定，此后，"四书"与传统的"五经"并列，一提到儒家的经典，中国人马上想到的就是"四书五经"。

在此之前，提到儒家时，往往将孔子与其弟子颜回并列，称为"孔颜"，而在此之后，孟子开始与孔子并列，被称为"孔孟"。"孔孟之道"逐渐成为儒家的代名词。

北宋儒学完成转型之后，在方方面面都与此前汉代为代表的儒学形成差异，因此，学术界一般将此前儒家的经学研究称为"汉学"，而将宋代为代表的对儒学的研究称为"宋学"。此后，汉学与宋学之争，取代了原来的今古文之争，成为儒学内部一种派系斗争。由宋至明，宋学一直是儒学的主流，清代学者则分为汉学、宋学两大壁垒，相互排斥。

属于宋学一派的学者往往攻击汉学"琐屑"，属于汉学一派的学者往往攻击宋学"空疏"，这确实是两派的弊端之所在。汉学的重点在于考据，与思想关系不大，我们姑且置而不论，宋学"空疏"的流弊对中国思想文化乃至古代政治的影响都是极其深远的。

宋学的前提和基础是对此前儒家经学的怀疑和否定，正是这种怀疑和否定的精神使宋代的新儒学具有了解放思想的功能，使儒家学者从对前人注疏的迷信中解放出来，敢于立足于现实，去重新思考儒家思想的真正内涵及其真正的功用，由此才将儒家思想在哲学的意义上向前推进了一大步。但是，也正是这种怀疑和否定的精神，导致宋学中出现了一些不良现象，这就是主观和臆断。当怀疑和否定不是建立在深厚的学识的基础之上时，其流弊就不仅仅是"空疏"了。

对宋代学风的这种弊端，北宋著名历史学家司马光已经有着十分清醒的认识，他批评道："至有读《易》未识卦爻，已谓《十翼》非孔子之言；读《礼》未知篇数，已谓《周官》为战国之书；读《诗》未尽《周南》、《召南》，已谓毛、郑为章句之学；读《春秋》未知十二公，已谓'三传'可束之高阁。循守注疏者，谓之腐儒；穿凿臆说者，谓之精义。"司马光对当时学界流弊的指斥可能有过分之嫌，但是，他所说的宋学最终成为"穿凿臆说"，却是一语中的。

宋学的怀疑和否定，开始针对的是汉代以后对儒家经典的注疏，但接下来，很快就指向了汉代以前对儒家经典的解释性著作，如《春秋》的"三传"《左传》、《公羊传》、《谷梁传》，甚至开始对经典本身持怀疑和否定的态度。正如后人所说的，这种研究取向是"始于疑经，渐至非圣"，就是说，从对经典的怀疑，最终发展到对儒家创始人孔子的非难了。当然，走的如此之远的学者尚属少数。

抛弃了扎实的学养，一味地提倡思想，这样的思想最终也就必然丧失活力，要么因为没有源头活水而流于老生常谈，要么因为刻意求新而陷入穿凿臆说。宋代以后的儒学就是走上了这样一条不归之路。

但在宋代，义理之学"空疏"的毛病表现得还并不十分明显，因为宋代的儒家学者们往往对佛教有着比较深入的研究，可以将佛教思想引入儒学中来。在此基础上，形成了宋代及此后作为儒学主流的理学。

理学，也称道学、宋学、新儒学。从广义上讲，理学泛指以讨论天道性命问题为中心的整个哲学思潮，包括各种不同的学派；从狭义上讲，理学专指程颢、程颐、朱熹为代表的、以理为最高范畴的学说，即程朱理学。本书都是从广义上使用理学这一概念的。

理学作为儒学的新发展，具有较强的哲学气息，其讨论的核心问题主要包括：本体论问题，即世界的本原问题；心性论问题，即人性的来源和心、性、情的关系问题；认识论问题，即认识的来源和认识方法问题。但在北宋，理学还有着强调"内圣外王"的鲜明特点，很注重"外王"，即在政治方面的实践性。现在有学者认为，北宋王安石变法的失败，对于强调事功的理学家们构成巨大的冲击，因而，进入南宋以后，偏重于探讨心性的理学流派才逐渐成为理学的主流，理学由此越来越趋向于"空疏"的哲学思辨上的讨论。后人曾讥讽理学家是"平时袖手谈心性，临危一死报君王"，确实是宋以后比较真实的写照。

一般认为，理学的起源最早可以上溯至唐朝中后期，但其真正出现却是在北宋前期，在北宋后期得到长足的发展，至南宋达到高峰。明代理学内部虽然存在一些变异，但是明清两代理学因成为科举考试的内容，一直在思想界占据统治地位。至近代新文化运动提出"打倒孔家店"，其所要打倒的实际上是理学，已经与孔子的学说存在着比较大的距离了。

北宋初年,在理学兴起的过程中,胡瑗、孙复、石介发挥了比较大的作用。

胡瑗(993—1059年)，字翼之，江苏泰州海陵人（今江苏如皋），因其家世居安定（今陕西安定），学者称他为安定先生。孙复(997—1057年)，字明复，号富春，晋州平阳人（今山西临汾），隐居泰山，聚徒讲学，学者称他为泰山先生。石介(1005—1045年)，字守道，一字公操，兖州奉符人（今山东泰安），家居徂徕山下，学者称徂徕先生。胡瑗、孙复、石介深受后代理学家的推崇，合称"宋初三先生"或"泰山三先生"。

宋初三先生的共同点在于，提倡师道，推行人格教育，恢复先秦儒家的"修己治人之实学"。他们的讲学活动，不仅为思想界培养了一批与此前不同类型的学者，为理学的发展储备了人才，更为重要的是，促进了人文精神的觉醒和知识分子良知的觉醒、道德意识的觉醒。理学在北宋的发展演变，可以宋仁宗嘉佑年间(1056—1063年)为界，分为前后两个不同的时期。前期主要伴随着庆历(1041—1053年)新政而展开，代表人物有范仲淹、欧阳修和宋初三先生。后期与王安石变法密切相关，代表人物是后来被称为"北宋五子"的周敦颐、张载、邵雍、程颐、程颢，也是在此时期，理学内部开始形成各种学派，标志着理学已经走向成熟。

从北宋中期开始，理学曾出现过众多的派别，从其思想内容上看，最重要的应属程颢、程颐、朱熹为代表的程朱理学，陆九渊、王守仁为代表的陆王心学，张载、王夫之为代表的张王气学，邵雍、朱震为代表的象数学，王安石为代表的新学和苏洵、苏轼、苏辙父子为代表的蜀学。此外，还有周敦颐的濂学、司马光的朔学等。

程朱理学

古人认为，理学的创立者是"北宋五子"。在"北宋五子"中，周敦颐的资格最老。周敦颐曾经与李之才一起，向穆修学习《周易》的"图书之学"，而在这方面，邵雍却是李之才的学生，张载虽然是程颐、程颢兄弟的表叔，但在思想上却受二程兄弟影响比较大，而程氏兄弟早年曾跟随周敦颐学习，因此一般将周敦颐视为理学的开山鼻祖。此外，后代因为朱熹的原因，将二程的学派奉为理学的正统，这也是周敦颐被视为理学创始者的原因之一。

周敦颐（1017—1073年），字茂叔，号濂溪，营道楼田堡（今湖南道县）人。15岁时父亲去世，此后他是在舅舅龙图阁直学士郑向的家中长大的，也是借着舅父的推荐而走入仕途，最初任洪州分宁县主簿，调任南安军司理参军，渐渐升至国子博士、广南东路转运判官等职，后来因病退隐于庐山莲花峰下。其宅前有溪，他依仿故乡山水，命名为濂溪，称自己的书屋为濂溪书堂，在此讲学著书，因而世称其为濂溪先生，并将其开创的学派称为濂学。

周敦颐精通《易学》，提出了一系列哲学范畴，如无极、太极、理、气、命、性、心等，这些都成为后世理学家所共同讨论的问题。在将儒学哲学化的过程中，周敦颐起到了奠基的作用，因而也有人认为，周敦颐是第一个将世界本原作为哲学问题加以讨论的中国人。

最初，周敦颐以精于政事著名，不论他担任什么官职，都政绩过人，其学问、思想却影响不大。还是在他任南安军司理参军时，当时任南安通判的程太中却非常钦佩周敦颐的学识，让自己的两个儿子随他学习，这就是后来著名的大学者程颢、程颐兄弟。

程颢、程颐兄弟被后世合称为二程。程氏祖籍河南，因为程氏兄弟的祖父程遹曾任黄陂县令，并在黄陂县去世，其父程珦年幼，无力返乡，就在黄陂住了下来。二程便是在黄陂出生的。

程颢（1032—1085年），字伯淳，人称明道先生。程颐（1033—1107年），字正叔，人称伊川先生。

1057年，程颢中举成为进士，从此步入仕途，自主簿、县令等地方基层官员做起，有着勤政爱民的美誉，后升任太子中允、权监察御史里行。在王安石变法期间，程颢对王安石变法提出了自己的看法。他不反对变法，但是对于王安石变法的某些具体内容以及执行变法的官吏进行了严厉的批评。他的主张并没有被宋神宗采纳，程颢也因此遭到冷落，不被重用。于是程颢提出外调，在1072年返回洛阳侍奉父亲，与其弟程颐一起潜心研究学术。

程颐在27岁科举廷试落第后，便不再参加科举考试，而是以处士的身份进行讲学。除了曾一度随赴汉川任职的父亲去过今天的四川之外，程颐一生的大部分时间都住在洛阳，并在这里开馆讲学。程颢后来也回

程颐画像

到洛阳，兄弟二人便在一起研究学问和讲学授徒，因此这一派后来被称为洛学。

1085年，宋哲宗即位，任命程颢为宗正寺丞，但还没来得及上任，程颢便于当年的六月十五日去世。经司马光推荐，程颐被任命为崇政殿说书，负责整修国子监的条规，也经常为宋哲宗讲课。但不幸的是，程颐却从此被卷入了北宋政界的派系斗争之中。在司马光死后，以孔文仲为首的一群人，进谗言污蔑程颐。最终，程颐于1086年被罢免崇政殿说书，再次回洛阳从事自己的讲学活动。1097年，程颐又一次受到党派斗争的牵连，被贬至涪州编管，就是在涪州期间，他写成了名著《伊川易传》。1102年，宋徽宗改元崇宁，新党再次当权，列出了"元祐奸党碑"，程颐也为其中一员，受到打压。此后，程颐生活艰难，当他在1107年病逝时，除了他的弟子张绎等人外，无人敢来为他送葬。

程颐仅比哥哥程颢小一岁，却比他晚去世20多年，做官的时间又短，他将更多的时间与精力投入学术研究与讲学，因而无论是在洛学这一学派形成中的贡献，还是对后世理学思想的影响，程颐都要超过程颢。但有一个流传的故事，却在暗示程颐的个人修养比不上程颢。

有一次，程颢、程颐兄弟俩一起去赴宴，席中有妓女陪酒，程颐非常不高兴，最终拂袖而去，但程颢却留了下来，尽欢而散。第二天，程颐去书斋中质问程颢，程颢笑道："昨天席间虽然有妓女，但我心中却没有；今天书斋中没有妓女，你心中却念念不忘。"如果这个故事是真实的，那么，我们倒是可以看出，程颢的思想和修养都受佛教禅宗的影响很深。

程氏兄弟年龄上仅仅相差一岁，又都随周敦颐学习，后来还长期在洛阳一起开馆讲学，这种共同的学术经历使他们的思想主张也基本相同。

二程学说最主要、最核心的部分是他们二人共同创立的天理论，这是其全部学说的基础。

二程认为,"理"就是先于万物产生的天理,万物都只是一个天理,万事都只是出自于天理。"理"是事物内部的根源,事物是"理"的外在表现形式。"理"为体,事为用,两者是相互统一的。实际上,他们所说的天理,也就是指自然的普遍法则。现行的社会秩序也是由天理来制定的,遵守它便是合乎天理,反之,则是逆天理。

二程的人性论源于性善论,又在这个基础上进行了发扬和深化。他们用"理"来对人的本性进行规定,提出性即理的主张。他们认为人性有两种:天命之性和气质之性。人性之所以善,是因为天命之性的存在。天命之性是人性的根本,它是天理在人性中的体现,没有受到任何损害和扭曲。而人性之所以会变恶,则是因为人还存在气质之性的缘故,气质之性是由气化生而来,或多或少都要受到气的影响,因此具有向恶的方面发展的趋向。

二程认为,孟子谈性善,主要涉及的是天命之性,荀子谈性恶,主要论述的是气质之性,两者都不错,但又都不全面。虽然天命之性才是人性的根本,但是二程认为,在谈论人性的时候,应当将这两者结合在一起谈,不能只取其一。

在二程以后,天理、人性,不仅成为思想界最经常讨论的命题,甚至也成为百姓生活中喜闻乐见的俗语,没天理、没人性竟然成为中国人的骂人话,由此可见宋代以后理学对中国人的影响之深,也可以发现二程的学说对后代的影响之大。

二程的思想虽然非常相似,但在修养方法上,程颐和程颢还是有一些差别的。

程颐认为,修养就是人的自我培养和自我实现,人的道德情操和境界的培养,需要排除杂念,把注意力集中到内心,不让心松懈,始终保持一种敬畏的心境。除此之外,还要向外研究具体的事物以便去发现、认识"理",并以此作为标准,来检查自己的思想是否合乎"理"。这也就是所谓的"格物穷理"。

程颢提出了"定性"的理论。所谓"定性",实际上就是"定心",即如何做到内心的安宁与平静。他认为,要使内心平静,不受来自外部事物的干扰,就应该接触事物,但却不执著、留恋于任何事物,内外两忘,超越自我。相对而言,程颢更注意心性,有学者认为,这是南宋陆九渊"心学"的源头。而程颐的"格物穷理",显然是朱熹理学的源头。

朱熹(1130—1200 年),字元晦,号晦庵,又称考亭先生,祖籍徽州府婺源县,生于南宋时期的南剑州尤溪(今福建三明市尤溪县)。朱熹从小聪明过人,8 岁便能读懂《孝经》,十余岁时,就开始专心攻读圣贤之学,以圣人为自己的榜样。14 岁时父亲去世,朱熹随父亲好友刘子羽生活。刘子羽对道学和佛学比较热心,因此朱熹早年对道学、佛学都有很浓厚的兴趣,其思想明显受到佛道两教的影响。朱熹 19 岁进士及第,从此开始步入仕途。

1160 年,朱熹正式拜程颐的三传弟子李侗为师,不再留恋道学和佛学,专心儒学,继而成为程颢、程颐之后儒学的重要人物。

1163 年,朱熹回到福建崇安,此后专心致力于理学,在十余年间编写了大量的书籍,并从事讲学。1175 年,朱熹与吕祖谦、陆九渊等在江西上饶铅山鹅湖寺相见,这就是著名的鹅湖之会。但朱熹的思想与陆九渊等人差异很大,最终这次相会不欢而散。从此,朱熹为代表的"理学"与陆九渊为代表的"心学"分别发展,成为理学的两大派。此后,朱熹建立白鹿洞书院,订立学规,讲学授徒。

1193 年,朱熹任职于湖南,主持修复了四大书院之一的岳麓书院,这里与白鹿洞书院一样,也成为朱熹讲学授徒、传播理学的地方。朱熹晚年

朱熹画像

曾任焕章阁待制兼侍讲,每逢双日,早晚为刚即位的宋宁宗讲学。但由于朝中的政治斗争,朱熹晚年受到排斥,他的学说被斥为伪学,他本人被斥为伪师,他的学生们也被斥为伪徒。朱熹不仅很快就丢了官,甚至朝廷还作出明文规定:凡荐举为官,一律不取"伪学"之士。这对朱熹是一次不小的打击,朱熹于1200年,在自己家中郁郁而终。

当时谁也想不到的是,朱熹的思想在后世却有着如此之大的影响,成为明清两代科举考试的标准内容。明清两代的读书人,尊称朱熹为"朱子"、"朱夫子",甚至"朱夫子"的影响都有了超越"孔夫子"的趋势,因为不读"孔夫子"的书没有关系,可不读"朱夫子"的书,想通过科举考试当官,可就难上加难了。由于朱熹的影响非常大,程朱理学也被称为朱子学。

总体说来,朱熹的思想秉承二程,尤其是程颐,但受佛教和道教思想的影响也是比较明显的。

二程和朱熹的思想之所以被称为"理学",是因为其最核心的思想就是一个"理"字。朱熹认为,理是先于自然和社会的形而上的东西,气则是有形状、有迹可循的,是构成万物的单位。理是最根本的东西,在逻辑上是先于气的,但也不能脱离气而存在。理是第一性的,气是第二性的。朱熹认为,万物都具有理,万物的理最后归为一起,称为太极。每一个人和物,都具有一个太极,也就是说,每个人和物的身上,都存在着一个完整的理,这便是"理一"。进而朱熹将理作为评价伦理道德的准则,用理来评判一个人的行为是否符合天理,是否正确。

概言之,在程朱理学中,理作为最核心的概念,也是最高范畴,指的是宇宙的本原。理是永恒的,是先于世界而存在的精神实体。世界万物是自理中派生出来的,理或天理,才是自然万物和人类社会的根本法则。

程朱理学对"理"的讨论并没有仅仅停留在哲学的意义上,而是将之引入到政治学的层面。理的本原性决定了人的本性来自天理,"性即理",也就是说,人性与天理本来是不相违背的。而儒家提倡的伦理道德,如三纲五常,都是与人的本性相吻合的,即都是源自天理的内容。导致人破坏这些道德规范的不是人的本性,而是人的欲望。因此,人的道德修养,就是一个不断克制、消灭自己的欲望,使自己向人的本性与天理回归的过程,这也就是理学的著名命题"存天理,灭人欲"。

汉代董仲舒最早提出三纲五常观念,三纲是指君为臣纲、父为子纲、夫为妻纲,理论上要求为臣、为子、为妻的,必须绝对服从于君、父、夫;五常又称五典,指仁、义、礼、智、信五种行为规范,是用以规范君臣、父子、兄弟、夫妇、朋友等人伦关系的行为准则。程朱理学将这些上升到"天理"的层面,视之为绝对不容许触动的天条,对于稳固王朝的统治无疑是非常有利的,这才是后世统治者尊崇程朱理学的最重要的原因,但这方面的负面作用也是最为明显的。

正是从"存天理,灭人欲"的角度出发,程颐大力提倡妇女要从一而终,在丈夫去世后不应该改嫁。有一次,当程颐在演讲中阐释这种思想时,有听众提问说:"有这样一位妇女,丈夫去世后,无亲无故,没有生活来源,眼看就要饿死了,她难道也不应该改嫁吗?"据说程颐不假思索,脱口而出道:"饿死事极小,失节事极大。"此后,"饿死事小,失节事大"成为中国人奉行几个世纪之久的信条，对妇女的身心造成极大的摧残。

程朱理学受佛学的影响也是显而易见的。程颐在四川期间完成《伊川易传》一书，后来回到洛阳，给他晚年最喜爱的弟子尹焞学习，并问他读后有何心得。尹焞回答说："体用一源，显微无间"的说法似乎太露天机了。程颐听了叹道："近日学者何尝及此！""体用一源，显微无间"是《伊川易传》序言中的一句话，因为这里明显地透露出程颐融合了佛教华严宗的思想，所以尹焞说这句话"太露天机"了。

实际上，程朱理学的"理一分殊"的思想也来自佛教。

朱熹认为，天地间万事万物的理，其实都只是出自同一个理，就是天理，但分开来，每个事物都各自有了一个理，但是千差万别的事物的理都是那个天理的体现。理是同源的，没有差别的，但是其具体体现却是各不相同的。这就是"万物皆有此理，理皆同出一原，但所居之位不同，则其理之用不一"。因为理的本原都是同一个天理，所以人才可以将心比心、推己及人；因为这个理的具体体现随处不同，所以人才要因时制宜、因地制宜。这就是"理一分殊"。

而这种思想早已见于佛教的华严宗和禅宗。佛教的表述是"月印万川"，天上的月亮照在天下无数的河流之中，每条河流中都映现出一轮月亮，所有河流中映现出的月亮，都是天上那一轮明月的体现，但因为河流的不同，其在每条河流中所表现出来的具体形体却千差万别，但我们不能因而认为存在不同的月亮。

如果我们从内圣外王的角度来评判，可以说，程朱理学更注意的是内圣，而不是外王，就是说，更重视向内的省悟，更重视修养方面的功夫，而不是很强调理学思想在政治上的实践性和有效性。这种特点，应该与二程、朱熹仕途皆不如意有一定的关系。

也正是因为官场的失意，使二程和朱熹能够将更多的时间与精力投入教学活动中，因而培养出众多出色的弟子，这是后来洛学一系在理学各派的竞争中得以胜出的非常重要的原因。事实上，将周敦颐、邵雍、程颐、程颢、张载并称为"北宋五子"，这也是程朱一派最早提出的，反映的是他们对理学发展演变历史的认识，具有比较明显的派性，并不完全是客观公允的。

程颐门下著名弟子比较多，谢良佐、杨时、游酢、吕大临被称为程颐的四大弟子，在程颐去世后，仍旧在宣传二程的思想。是杨时、谢良佐将二程的思想南传，最终才得以出现朱熹这样的大学者。

特别是程颐晚年最喜爱的弟子尹焞，即使在南宋，程朱理学受到非议的时候，他也坚持程颐的学说。当他被任命为崇政殿说书，为皇帝讲课时，他公开提出，自己追随程颐20年，信奉的是程颐的学说，如果一定要让他来说，他就要按照程颐的观点去阐释儒家思想。

在北宋中期，二程开创的洛学仅是理学众多流派中的一派而已，并不具有特殊的地位。虽然这一派学说并未得到宋朝历代皇帝的赏识，但由于优秀学者众多，发展至北宋末、南宋初，俨然已经成为能够与官方支持的王安石新学分庭抗礼的最有影响力的民间理学派别了。

南宋时期，程朱理学一再受到来自官方的打压，但在朱熹等学者的努力下，其影响力却在稳步上升。在元朝统治下，程朱理学北传，其影响力进一步扩大。至明初，将程朱理学视为理学的正统，定为科举考试的内容，实际上正是程朱理学发展过程的一个必然结果。但是，这种重视内省的学说成为官学之后，儒学和理学走向重视个人修养、忽视从政能力的误区，对此后的中国形成的负面影响也是显而易见的。

张王气学

就在程颢、程颐兄弟在洛阳讲学,创立洛学的同时,在西北的关中地区,同为北宋五子之一的张载创立了关学。洛学、关学以及周敦颐创立的濂学,南宋朱熹创立的闽学,在学术史上一直被称为理学的四大学派。

程氏兄弟曾就学于周敦颐,张载受二程思想的影响比较大,其门徒在张载去世后,多转入二程门下,可以说关学后来并入了洛学。朱熹作为程颐的四传弟子,其闽学出自洛学一系。由此可见,濂、关、洛、闽四大学派关系密切,实际上属于理学的同一系统。正是理学的这个系统,在后世成为理学的正统。

张载(1020—1077年),字子厚,原籍大梁(今河南开封),生于长安(今陕西西安),因为后来久居凤翔府郿县(今陕西眉县)横渠镇聚徒讲学,被称为横渠先生。

在张载的青年时代,正是西夏侵扰北宋的边境,西北地区连年战事不断的时期,受这种环境的影响,张载曾专心研究兵法,喜欢谈论军事。在1040年,他上书谒见当时任陕西经略安抚副使兼知延州的范仲淹,为西北军事献计献策。范仲淹认为张载是可造之才,因而告诫他说:"儒者自有名教可乐,何事于兵。"劝他不要将时间精力花在研究军事问题上,这不是最重要的。受范仲淹的影响,张载开始研究《中庸》。后来张载也曾研究佛教、道教的思想，认为都不如儒学，这才转入专心研究儒家经典，并以此建立自己的思想体系的道路。

1057年，张载与程颢同年中进士，此后作过一系列的地方官。1069年，因御史中丞吕本中的推荐，张载得到宋神宗的召见，并被任命为崇文院校书。但当时宋神宗正在支持王安石变法，因为与王安石政见不合，不久张载即辞官回到故乡横渠镇，专心于讲学和著书。

张载的某些思想中，明显透露出道家思想的影子，在其思想的核心"气一元论"中，尤其如此。

张载最早提出了"太虚无形，气之本体"的宇宙本体论，认为宇宙的本体太虚是没有具体形状的，是由"气"构成的。宇宙间的一切，不外是这个"气"的分合聚散而已。气聚，就形成了世界上种种有形的物质性的东西；气散，也就是这些东西的毁灭。一切都是从气构成的太虚中来，最终也都是在气散以后再回到太虚中去。气有聚散，但是并不存在生灭，气与太虚都具有永恒性。

张载将宇宙的本原归结为气，这无疑是一种唯物主义的宇宙观。应该说，在中国古代，将宇宙的本原归结为气，这种观念的渊源甚至可以一直上溯到先秦时代，从汉代至隋唐，有关气的思想不断得到丰富与发展，张载的气学思想，既是对中国古代相关思想的继承，也是这个领域的集大成之作。

张载认为，人也是由气聚形成的，人死不外是构成人的气散了。因此，人性存在着天地之性和气质之性两个方面。所谓天地之性，就是本来存在于天地之间的一种至善的性，是人和万物都具有的；而气质之性则是人出生后，受到各种后天的影响而生成的各不相同的特殊的本性，气质之性是驳杂不纯的，有善的也有恶的。张载的这种思想后来为朱熹所继承，在加以改造之后，成为朱熹理学思想的重要组成部分。

张载认为，人与万物，都是由气凝聚而成的，都具有相同的本性。在此基础上，提出了"民吾同胞，物吾与也"的著名命题。张载将天地比喻为父母，认为每个人都是天地所生，所以人与人之间都可以称得上是同胞。由此出发，他认为，国君是这个大家庭中的当家的长子，大臣们是协助当家人的管家们，这个大家庭中的每一个人都应该顺从君主的领导，尽忠尽孝，由此肯定了君权的正当性与合理性。但是，张载"民吾同胞"的理念却远比其所要维护的君主统治更为长久，在中华民国以后，被赋予了新的内涵并一直发挥其影响，时至今日，"同胞"一词仍为中国人所习用。

同样为中国人所熟悉的，还有张载的名言："为天地立心，为生民立命，为往圣继绝学，为万世开太平。"这曾为无数的中国知识分子奉为人生的理想与追求。

张载讲学关中时，学生很多，由此形成在当时很有影响的学派关学。张载去世后，其弟子很多转投二程门下，关学从此衰落下去。虽然有李复等人继承了关学的传统，但由于关学此后再也没有出现过有影响的学术大师，至南宋，作为一个学派，关学就已经不复存在了。

张载对于后世的影响却比关学更为持久。他的思想深深地影响了朱熹，因而被后者奉为理学的开创者之一。明朝永乐年间，张载的作品被编入《性理大全》一书，作为科举考试的必读书。明代思想家中，对张载十分推崇，继承并发展其"气一元论"思想的，主要有王廷相和王夫之。

王夫之与黄宗羲、顾炎武并称为明末清初三大思想家，但由于其晚年清贫，连写作所需的纸笔都靠门生供给，他的著作写成之后，也就转赠给了这些人，很少能刻本流传，所以，在清初，王夫之的影响力实际上远比不上黄、顾二位，而其哲学思想却要比黄、顾深刻得多。

王夫之（1619—1691年），字而农，号姜斋，湖南衡阳人。

王夫之的父亲王朝聘，曾就读于国子监，是一位退隐乡下的读书人，主张真知实践的学风，对王夫之产生了巨大的影响。王夫之从小聪颖过人，又接受了良好的教育，7岁读完"十三经"，14岁便考中了秀才。1633年和1636年，王夫之两度参加乡试，均未中举，而此时的明王朝已经处于农民起义和满清进攻的内忧外患之中了。于是，王夫之于1638年和旷鹏等人组织"行社"，又在第二年和管嗣裘等组建"匡社"，希望能够匡扶明王朝的江山社稷。

就在明朝灭亡前两年的1642年，王夫之参加了崇祯壬午乡试，中举人第五名。1644年3月，李自成攻占北京，崇祯皇帝在煤山上吊自杀，明朝灭亡。王夫之知道消息后，数日不食，作《悲愤诗》，以示哀伤。

在清兵入关后，王夫之一直从事反清复明的活动。1648年，明朝降将金声桓、李成栋以及何腾蛟起兵反清，王夫之借机在衡山组织匡社成员和地方民众发动了抗清起义，以阻止南下的清军。但不久起义便被镇压下去，王夫之投靠南明永历帝，担任行人司的行人。南明小朝廷处于风雨飘摇之中，内部矛盾却仍旧尖锐激烈，王化澄和太监吴国祥结成吴党，党同伐异，排除异己，陷害逮捕以袁彭年为首的楚党成员。王夫之因上书弹劾王化澄而遭陷害。后来因为得到母亲病重的消息，王夫之潜回衡阳。

1653年，清朝对湖南确立了统治，下令薙发易服，王夫之不从，改换姓名，居于山野，食野菜，住瑶洞，自称瑶人。

1659年，清军大举南下，永历帝

王夫之画像

逃亡缅甸，于1661年被杀，南明灭亡。此后王夫之开始了隐居著书、潜心学术的生涯。王夫之于湘西石船山筑湘西草堂，至1691年病逝于此，因此世称船山先生。

王夫之生前为自己题写的墓志："抱刘越石之孤愤，而命无从致；希张横渠之正学，而力不能企。"其中的张横渠就是指张载，表现出他在思想上受张载的影响之深。

在宇宙观方面，王夫之继承了张载的"气一元论"思想，认为整个宇宙间都充满着气，气是世界万物的本原。气凝聚在一起就显现出来，生成世间万物，消散了就隐藏起来，这也就是世人所认为的"无"的状态了。气具有不可消灭性，是客观存在的、永恒的。

王夫之认为，气是充斥宇宙间的物体，世间万物在其不断运动中经历着聚散成毁。而理是宇宙间物质运动的规律，没有气，理也不复存在。因此，王夫之认为，气在理之先，不仅批判了程朱的理在气先，也批判了陆王心学心即理的观点。

王夫之称"太虚者，本动者也"，认为世界万物的本原太虚是处在不断的运动之中，也就是说，运动才是宇宙的本质，才是万事万物的根本规律。同时，王夫之又指出，"静即含动，动不舍静"，认为运动包含静止、静止包含运动，两者是相辅相成、相互依存的。静止也是运动的一部分，是特殊的运动状态，世界上没有绝对静止不动的事物。因此，世界万物都处在不停息的运动变化发展之中。

由此出发，王夫之认为，人类历史也是在不断的进步发展之中，文明经历着从低级到高级的演进。伏羲以前，人类如同禽兽；黄帝以前，华夏也同于夷狄；三代时期，君主相当于明代西南地区的土司；战国时期，是社会的大变革时期；至汉唐，文化和社会制度在不断完善，就不是三代所能比拟的了。在此基础上，王夫之对邹衍的五德终始说、董仲舒的正统说以及邵雍的四会说都进行了批判。

与张载一样，王夫之也主张忠君，但是，王夫之认为，只有那些明主、圣君才配得到尊敬。他总结明朝的历史，又提出公天下的观点，认为君主不应该独揽大权，不应该将天下财产当做自己的私有，认为政治上应该分权于宰相，防止君主独断专行；经济上，主张让农民有自己的土地，自己耕种，反对兼并。

由于经历了满族入关的巨变，王夫之的思想受这一现实变革影响极大，因此使王夫之产生了巨大的民族情感，认为夷狄和华夏的区别，犹如小人和君子的差异一样，认为夷狄是禽兽，欺之、杀之、夺之都不为过。当然这种思想是具有狭隘的民族主义成分的。但王夫之的民族观也有可取之处，他认为各族应当互不侵扰，相安无事。汉族统治者不应该无故攻打少数民族，而是要帮助他们进行社会经济的发展，同时少数民族也不应该对中原王朝边境进行掠夺。

由于王夫之是继张载之后，将气作为宇宙本原的最著名的学者，因此，现代学者习惯上将张载、王夫之作为代表，称这一派思想为"张王气学"。

邵朱象数学

《周易》本是先秦时代最有影响的占筮用书，但在经过孔子的改造之后，被孔子赋予深刻的哲学内涵，成为儒家经典中的"群经之首"，而且是儒家典籍中唯一一部涉及哲学的著作。在孔子以后，对于《周易》的研究，也明显分为两大流派，义理派和象数派。义理派的研究重在阐释《周易》中包涵的哲理和思想，研究多从《周易》一书的文字部分出发；象数派的研究重在用《周易》进行占卜，也由《周易》一书中的卦象出发，阐释其中的微言大义。受汉代谶纬之风的影响，《周易》的研究也越来越重视象数派中的占卜这一分支。在三国时期受到王弼的批判之后，象数派衰落，义理派振兴。但是，此后在学界流传的义理派对《周易》的研究，明显受到道家思想的影响。在宋代象数派的思想中，我们仍旧可以清楚地看出这一特点。

在宋代众多的理学支派中，邵雍、朱震为代表的象数学堪称独树一帜，主要是从《周易》这部儒家典籍的"群经之首"出发，来构建自己的思想体系。

邵雍（1011—1077年），字尧夫，谥康节。邵雍的祖先是范阳（今河北涿县）人，北宋初年，在邵雍父辈的时代，全家迁居卫州共城（今河南辉县）。邵雍从年轻时代起就刻苦读书，却无意于做官，在宋仁宗、宋神宗在位期间，他曾两次受到朝廷的征召，但他都谢绝了，以隐士的身份终了一生。

政治上，邵雍倾向于保守，明确反对王安石的变法，与反对变法的著名大臣，如司马光、富弼、吕公著等人往来密切，司马光等人凑钱为他在洛阳买了一处宅子，他极为喜欢，题名为"安乐窝"，这就是他后来的隐居之地，因此世称安乐先生。

邵雍的著作主要是《皇极经世》、《伊川击壤集》。但在民间，至今流传着一种专讲如何用《周易》进行占卜的古书《梅花易数》，传说为邵雍所作，而此书在中国民间的知名度比邵雍还要高得多。《梅花易数》一书中记载着很多邵雍占卜如何灵验的故事，因此，在民间邵雍几乎被视为神人，百姓对邵雍的印象，恐怕与历史上真实的邵雍之间几乎找不到任何相同点。

邵雍自《周易》中"立天之道曰阴与阳，立地之道曰柔与刚"一句话出发，认为宇宙的本原就是《周易》一书中提到的太极，"太极生两仪"，就是自宇宙的本原太极中，生成了阴阳两仪，阴、阳也就是动、静，分别代表天、地。天就是动，又分为阴、阳；地就是静，又分为刚、柔。由此阴、阳、刚、柔之中，又演化生成太阳、太阴、少阳、少阴、少刚、少柔、太刚、太柔。太阳、太阴、少阳、少阴就是日、月、星、辰，太柔、太刚、少柔、少刚就是水、火、土、石。而日、月、星、辰、水、火、土、石这八种基本元素最终演化生成了万物。

更为宏大也更为诡异的是邵雍的宇宙时间观念。

邵雍用元、会、运、世等概念来表述他的时间观念，提出30年为1世、12世为1运、30运为1会、12会为1元，也就是说，一元代表12会、360运、4320世、129600年。邵雍认为，相对于宇宙大化来说，1元只相当于我们的一年而已。

将元、会、运、世等概念，与岁、月、日、辰等概念相重叠，可以得到 64 个时间单位，如元之元、运之月、月之岁、辰之世，诸如此类。邵雍认为，30 元为 1 个"元之世"，12 个"元之世"为 1 个"元之运"，30 个"元之运"为 1 个"元之会"，12 个"元之会"为 1 个"元之元"。因此，1 个"元之元"包括 12 个"元之会"、360 个"元之运"、4320 个"元之世"、129600 个元，也就是说，相当于 16796160000 年。

邵雍认为，当宇宙的演化积满一个"元之元"之后，宇宙即将毁灭、重生，然后进入到下一个循环周期。宇宙的演化就是这样一个无穷无尽的循环过程。

将这种时间观念与《周易》一书中的卦象相配合，元、会、运、世各用卦象表示，每年亦有卦象表示其天文、地理、人事的发展变化，邵雍认为，只要洞察其玄机，人类历史、朝代兴亡、世界分合、自然变化皆可以了然于心。

邵雍所作《皇极经世》一书，不仅是上述思想的体现，而且据传说是邵雍推算的对人类历史的大预言。

由此可见，邵雍的象数学理论，是用一种神秘的、怪异的理论体系，从空间、时间两个角度来对宇宙本体论和宇宙起源论进行阐释，既弥补了儒家学说中宇宙观缺失的弱点，其宏大的时间体系，又正可以与宋代儒家学者们要排斥的佛教的宇宙论相抗衡，因此才倍受后代的理学家推崇。

邵雍的思想对程朱理学影响极大。程颐曾推崇邵雍的学说是"内圣外王之学"，并评价其对《周易》的研究："自古言数者，至康节方说到理上。"认为将《周易》的象数派理论与理学联系起来，是邵雍的创见。南宋朱熹在作《周易本义》一书时，还特意将邵雍设计的几幅相关卦图放在了全书之首，对邵雍的学说极为推崇。

不过，总体说来，由于邵雍的学说具有极强的神秘主义色彩，再加上他本人一直未曾当过官，其学说在当时影响并不很大。

宋代《周易》象数学的另一位代表人物是朱震。

朱震（1072—1138年），字子发，世称汉上先生，湖北荆门州（今湖北荆门）人。朱震对《周易》有其独到的见解，其著作被称作《汉上易解》。

　　朱震与二程的弟子谢良佐相交很深，因此其思想受二程理学的影响比较大。在宋室南渡之前，大学士胡国安就发现了朱震的才能，对他十分器重，向宋钦宗进言，主张起用朱震。宋室南渡后，宋高宗曾亲自召见朱震，询问《周易》、《春秋》两部儒家经典的要义。朱震应答如流，并趁机向宋高宗呈进自己中兴宋室的计策。宋高宗很高兴，起用朱震为起居郎，调任翰林院大学士。至1137年，朱震请求病休，不被允许，并派他任礼部贡举。1138年，朱震因病去世。时人将他和陆九渊、胡文定并称为"荆门三贤"。

　　朱震自许为研究《周易》的集大成者，其思想中也确实有一些创新，如提出"无一物不具阴阳"的哲学命题，但总体来说，其思想体系芜杂混乱，神秘气息比邵雍更浓，以至于朱熹批评他，说"不知是说什么"。就《周易》的象数学而言，朱震确实可以称得上是邵雍之外的第一名家。象数学自身所具有的神秘性，使这一方向的发展本身就具有比较大的局限性，这是象数学一直未能在理学各家中占有比较重要地位的原因之一。

王安石新学与苏氏蜀学

在北宋,影响比较大的理学分支,还有王安石的新学与苏氏父子的蜀学。

王安石(1021—1086年),字介甫,晚号半山。北宋临川(今江西省东乡县上池村人),后其父王益任江宁(今江苏南京)通判,王家迁居江宁。1042年,王安石中进士第四名,历任地方官,曾在任内做了一些变法改革的尝试。1058年向宋仁宗上万言书,提出变法主张,但未被采纳。此后因母亲去世,辞官回江宁隐居,聚徒讲学。

1067年,宋神宗即位,任命王安石为知江宁府,几个月后,召为翰林学士兼侍讲。1069年拜为参知政事。从1070年起,王安石两度任同中书门下平章事,依靠宋神宗的支持,陆续推出农田水利、青苗、均输、保甲、免役、市易、保马、方田等一系列新法,进行大规模改革,史称王安石变法。

宋代的学术一直与政治息息相

王安石像

关。如果说此前的庆历新政为宋代理学的滥觞，那么王安石变法为理学的发展奠定了坚实的基础。作为改革家，王安石的思想对理学的形成与发展也产生过巨大的影响。

王安石认为，天就是自然的天，没有情感，也没有意志、目的，"天与道合而为一"，道也不过是一种客观的存在而已，也不能对人间的善恶作出相应的反应。天道的运行，不因人的意志转移，不受人的影响，更不会对人的善恶作出报应。包括天地在内的万物，其本原都是气，在这一点上，王安石的观点与张载非常接近。

但王安石进一步认为，作为万物本原的气，又分化为阴阳二气，阳气在上，阴气在下，在中间阴阳二气交汇的地方，又产生了"冲气"。冲气这个概念出自《老子》，由此我们可以看出，王安石的思想明显受到道家思想的影响。王安石认为，是阴气、阳气、冲气这三种气，不断地运行、化合，从中生成了金、木、水、火、土五行，以五行为基本元素，最终形成了万物。

以此为基础，王安石对于此前流行的天命论和天人感应说都进行了彻底的批判，应该说，这是有积极意义的。自汉代起，盛行于儒学内部并对历代政治形成明显影响的天人感应说，在宋儒的思想中没有明显的体现，应该说，与王安石的批判是有一定关系的。

在这种思想背景下，王安石大胆地提出"天命不足畏"，意思是天命不能作为政治决策的最高依据，对那些用灾异来反对变法的论调作出强有力的反击。而这种大胆的思想，对学术界构成的冲击，可能要远远大于对政界的冲击。

作为王安石变法口号的"天命不足畏，祖宗不足法，人言不足恤"，应该说，对宋代思想界的疑古风气有着明显的影响。作为王安石变法重要内容之一，对科举制度的改革，使宋代学术界真正自注疏之学中走出来，形成轻注疏、重义理的新的学风。王安石后来受封为荆公，因而其学说被称为荆公新学，或按其籍贯称为临川之学，是北宋理学的重要学派之一。不论从哪个角度说，王安石对理学的贡献都是不可低估的。

不论是思想，还是其改革举措，王安石都有超前之嫌，因而在当时反对者众多。1076年，王安石辞去宰相之职，开始隐居。宋哲宗即位后，以司马光为代表的保守派当权，王安石推行的各项新法都被废止。1086年王安石在抑郁中病死于江宁（今江苏南京）钟山。

王安石变法未能成功，却带来了意想不到的巨大负面效果，那就是因对变法态度分歧激化成的士大夫的党派斗争，北宋朝中这种党派斗争一直持续到北宋灭亡以后。在南宋，坚持王安石新学的倒是著名的奸臣秦桧。至1241年，这种斗争最终告一段落，宋理宗下诏，以周敦颐、程颐、程颢、张载、朱熹从祀孔庙，同时宣布王安石为"万世罪人"。

在中国古代，对王安石的思想评价不高，很重要的原因在于后来的党派斗争中，反对变法的派系逐渐占了上风，对王安石的评价自然渗入了党同伐异的因素。

与王安石的新学一样，深受变法牵涉的，还有苏氏父子的蜀学。

蜀学，名义上是由苏洵、苏轼、苏辙父子创立的理学学派，实际上应始于苏轼、苏辙兄弟。代表人物有被称为苏门四学士的黄庭坚、张耒、秦观、晁补之，如果再加上陈师道和李鹰，则被称为苏门六君子。

苏洵（1009—1066年），字明允，号老泉，眉州眉山（今四川眉山）人。与其子苏轼、苏辙合称"三苏"，一家父子三人均被列入唐宋八大家中，因此后人曾撰有一副对联："一门父子三词客，千古文章八大家。"苏洵在37岁科举不中之后，一直隐居读书，精通六经、百家之言，但直到晚年

苏轼像

才做过秘书省教书郎、霸州文安县主簿等小官。

苏轼（1037—1101年），字子瞻，号东坡居士，民间更习惯称他为苏东坡。在当时他是没有争议的文坛领袖。他自己制作的一种帽子，竟受到全国读书人的仿效，成为读书人最时尚的服饰，称为"子瞻帽"。苏轼是北宋最著名的大才子，不仅文章被后人列入唐宋八大家，诗词也极受推崇，特别是词，历来被视为豪放派宋词的典范。他还擅长书法和绘画，其书法列于宋代四大家苏、黄、米、蔡之首。但是，苏轼一生仕途却极为坎坷。

苏辙（1039—1112年），字子由。比苏轼仅小两岁，兄弟俩的成长经历极其相似。

1056年，20岁的苏轼与其弟苏辙随父苏洵进京，次年参加礼部的考试，和苏辙中同榜进士，一时轰动。兄弟俩可谓春风得意。但是，在宋神宗任用王安石进行变法时，苏氏兄弟因上书反对变法而被贬官。1079年，因有人故意曲解苏轼的诗句，诬陷其"谤讪朝廷"，苏轼被捕入狱，史称乌台诗案，这是北宋历史上规模较大的一次文字狱。苏轼险些丢了性命，出狱之后，被降职到黄州做团练副使。苏辙也受到牵连，被贬为监筠州盐酒税。

1086年，宋哲宗即位，高太后听政，旧党重新得势，苏轼被召还朝，升起居舍人，后升中书舍人，最后升为翰林学士知制诰。由于苏轼反对全面废止王安石的变法举措，认为特别是免役法，不应该骤然废除，这些政论无疑又得罪了旧党。最终，在新旧两党的激烈斗争中，苏轼既不属于新党，又不能为旧党所容，因而连连被贬，最后放逐海南。至1101年宋徽宗大赦天下时，苏轼才得以北归，却在归途中病逝于常州。

苏辙虽然才气上略逊于乃兄，但为人却稳健得多，官也比苏轼做得大。1089年任吏部尚书，在出使契丹之后任御史中丞。1091年拜尚书右丞，次年进门下侍郎，执掌朝政，苏辙的仕途生涯升至顶峰。在1093年宋哲宗亲政之后，旧党失势，苏辙连连被贬。1104年，

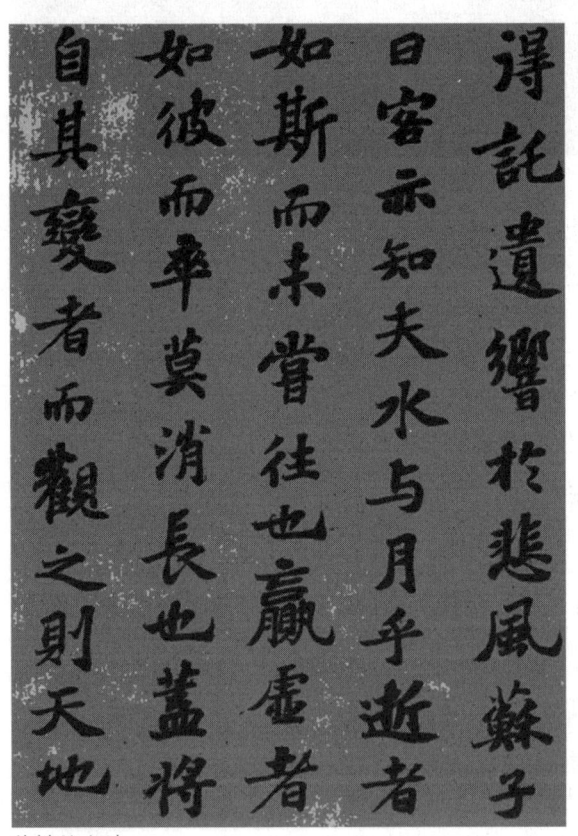

苏轼的书法

苏辙在颍川定居，享受田园生活，筑舍名为遗老斋，自号颍滨遗老，终日以读书著述为乐，并研究佛学，以参禅为事。

苏氏蜀学内容芜杂，更多的是针砭时弊的策论，而较少哲学方面的探讨，这是其作为学派难以为继的重要原因。大体上说，苏氏蜀学在政治方面提倡结人心、厚风俗、存纪纲。而在形而上的方面，却出入佛老二教了。

苏氏兄弟不仅没有进行哲学方面的深入研究，而且对深究天道性命的二程兄弟不无微词，认为程氏的理学不切实用，是无法落实的东西。蜀学与二程的理学长期处于相互排斥和斗争的状态。因为苏氏兄弟是今四川人，即蜀人，二程兄弟是洛阳人，因而这场斗争史称"蜀洛党争"。由于没有自己一套完整的思想体系，蜀学在苏氏兄弟去世后，很快就走向衰落了。

陆王心学

在我们讲到中国古代的主观唯心主义思想时，经常引用的一句话是："宇宙便是吾心，吾心便是宇宙。"这句话出自心学的创始人南宋的陆九渊。在两宋的重要理学支派中，心学是形成比较晚的一个。

陆九渊（1139—1193年），字子静，号象山，南宋抚州金溪（今江西临川县）人，世称象山先生、陆象山、存斋先生，与其兄陆九龄、陆九韶并称三陆。

陆九渊在兄弟六人中最小，但最聪明。据说，在陆九渊三四岁的时候，就曾问他的父亲陆贺，"天地何所穷际"，陆贺没有回答他，因此陆九渊穷思极想，以至于废寝忘食。五岁读《论语》，听到有人诵读程颐的说法，他认为和孔孟的思想并不吻合。到十多岁，读古书时，就提笔写出了"宇宙便是吾心，吾心便是宇宙"。

1162年，陆九渊参加乡试，中举，1172年，考中进士。此后陆九渊在家中旧屋槐堂设讲堂，开课讲学，前后持续三年。1174年，陆九渊被任命为靖安县主簿，步入仕途。1187年，陆九渊登贵溪应天山讲学，并在此地结庐而居。因应天山形似巨象，陆九渊将其改名为象山，自号象山翁，在此讲学达五年之久，听众云集，这是陆九渊思想大成的时期。

1190年宋光宗即位，任命陆九渊为知荆门军。次年9月，陆九渊到任，修郡学、严边防，在政务上取得了不错的成效。但上任仅一年零三个月，便因病去世。

陆九渊自认为是孟子之后唯一能懂孟子的人，其思想与孟子大有渊源，最关键一点是，"心"为生发宇宙万物的源泉，人的主观意识"心"掌管天下万物，万事万物都由心而发，宇宙也不例外，所以才有了"宇宙便是吾心，吾心便是宇宙"的说法。程朱理学所讲的理也是由心中产生的，这里的理既包括自然之理，又涵盖人伦之理。这样就把程朱理学当成是世界万物本源的理，涵盖在了人的心中。

陆九渊与程朱理学的代表人物朱熹为同时代人，为弥合二人在学术上的差异，1175年，在吕祖谦的撮合下，陆九渊与朱熹在信州铅山鹅湖寺会晤，这就是历史上非常有名的鹅湖之会。主要就治学的方法问题，陆九渊与朱熹展开了激烈的辩论。

朱熹从理学的观点出发，主张即物而穷其理，要从博览群书和对外物的考察入手，通过增长知识来把握理；陆九渊则从心学的立场出发，主张"发明本心"，能够认识到本心，然后再博览群书。朱熹指责陆九渊的方法"太简"，陆九渊指责朱熹的方法"支离"。会晤最终不欢而散，心学从此与理学分道扬镳。

其实，陆九渊与朱熹的分歧还表现在对宇宙本源的认识上。朱熹赞同周敦颐提出的"无极而太极"命题，认为太极就是理的总汇，而理是无所不在的，这就是"无极而太极"；理又是抽象的形而上的东西，具有无形无象的特点，这就是"太极本无极"。因而将无极和太极视为宇宙的本原。陆九源则认为，太极就是实理，就是宇宙的本原，在太极之前再添上一个无极实属多此一举。而且无极一词也不见于儒家的经典，却是出自道家的《老子》一书。

与朱熹一样,陆九渊也认为自己的学说出自二程,因此,他与朱熹的分歧,对此后理学的发展影响深远。

陆九渊虽然弟子众多,但并没有出类拔萃的学者,到明代,心学一派才迎来了集大成的学者王守仁。通常将王守仁和陆九渊并称,将这一派称为陆王心学。

王守仁(1472—1529年),字伯安,号阳明子,世称阳明先生,因此又称王阳明,浙江余姚人。王守仁的先祖是被称为书圣的书法家王羲之。王守仁十岁时,其父王华考中状元,全家移居北京。

王守仁自小志向远大。据说,在北京读书时,有一次他问老师,人生第一等事是什么。老师认为是读书以获取功名。而王守仁却一语惊人,认为人生的第一等事是读书学做圣贤。

自少年时代起,王守仁就表现出豪迈不羁的性格。他17岁时,在南昌和诸氏成婚,但是在新婚之日,他却在道观铁柱宫中和道士探讨养生之道,并和道士相对静坐直到第二天。

王守仁18岁时和妻子诸氏回余姚,在广信,向娄谅请教了格物的问题,之后又遍读朱熹的著作。为了证明朱熹所说的一草一木都有至理的观点,王守仁对竹子格了七天七夜,最后什么也没发现,自己反而病倒。因此,

王阳明画像

王守仁开始对朱熹的格物致知的学说产生了怀疑。

王守仁28岁时，参加礼部会试，成绩优异，由此步入仕途。在1506年，因得罪宦官刘瑾，被谪贬至贵州的龙场驿当驿丞。龙场之地，位于西南山区，苗、僚杂居。在这个安静的山区环境中，王守仁对《大学》的有关思想有了新的体悟，认为心是世间万物的根本之所在，万事万物都是心的产物。要认识圣人的思想，自己体悟就足够了，何必在具体事物上寻求至理呢？王守仁思想的这次转变，史称龙场悟道。

1517年，在任右佥督御史期间，王守仁曾平定江西的民变。1519年，又平定了宁王朱宸濠的叛乱。因而王守仁被称为"大明军神"。1527年，王守仁被任命为两广总督，总督两广军务，并击败瑶族和僮族的少数民族地方武装。此时王守仁肺病日益严重，于是上书要求回乡。1529年1月9日，王守仁在归乡途中病逝于江西省南安舟中。

王守仁继承并发展了陆九渊的心说，事实上，心学这个概念就是王守仁提出来的。王守仁认为，理化生宇宙万物，人是宇宙中最精髓的部分，因此，人心中也就拥有了理的精髓。换句话说，理就存在于人心之中，不需要从外在的事物来探索理。心外无理，理就是人的本心。故而，王守仁强调要做到明本心，就能达到致知的境地。

王守仁还提出了致良知的心学概念，他认为，良知是心，心即为理，因此良知就是天理，是判定善恶的标准，良知也是人本身具有的内在特征。致良知，就是将良知推广到万事万物，在实际行动中兼知兼行，做到知行合一。

为了说明儒家的义理、伦理之心，或者说万物之理，是人人都有的，而且是根植于心的，王守仁又提出了"心外无物"的命题。意思是，心与物不能独立存在，不能把他们割裂起来看。

有一次，王守仁和朋友一起郊游，路上碰见一株长在石头里的花。朋友就说：你说天下没有心外之物，那么这花在深山中自开自落，和我的心有什么关系呢？王守仁回答说：在你见到这朵花之前，花与你的心各自寂静，各不相干；当你看到这朵花的时候，花就已经进入我们的内心，此花便在心头显现出来，所以我说此花不在你的心外，而在心内。所以这朵花对于你的心来说，其存在本身及其意义的被确认，在于花在人心中的显现。也就是说，如果单纯抛开心来说花，花也就不能称之为花，因为花这一概念是在你的心中存在的；如果单纯抛开花来说心，那你的心中也就没有花这个形态的存在。

整体上讲，程朱理学更注重客观的理，心学更注重主观的心，用现在的观点来说，程朱理学属于客观唯心主义，陆王心学属于主观唯心主义。历史上虽然陆王心学没有撼动程朱理学作为中国社会统治思想的地位，但是，其在明朝社会与程朱理学的辩论、争斗可谓影响巨大，对程朱理学也产生过一定的冲击。最后，陆王心学同程朱理学一样，在明清之际的启蒙思想和西学的冲击下衰落下去。

理学时代（下）

在中国古代，每当一种思想最终成为官学之时，也就是其最终丧失活力之日，儒学尤其如此。汉武帝罢黜百家、独尊儒术之时，就已经预示了烦琐的经学以及谶纬之学最终将扼杀儒家思想的全部活力。理学的兴起，是儒学在吸纳佛道两教思想之后的一次新的振兴，但到了明代，当理学最终被确定为科举考试的内容，并以程朱理学为唯一正统之后，这种官学的地位，也就再一次扼杀了怀疑精神、思辨精神所带给理学的活力。在对从事经典注疏的汉学进行质疑和批判中成长起来的理学，当其自身被视为不可质疑的真理时，其原有的思想的活力也就完全不复存在了。因此，当明清两代理学成为统治思想界的官学之后，中国思想界也就进入了一种空前的压抑状态之中。由此带给中国人思想方面的束缚，一直要等到五四运动的到来，才得以最终解脱。

科举与理学

理学思潮发展到北宋末年，二程一派就已经逐渐成为在理学大潮中占据主导地位的学派了，只不过由于与王安石为代表的新学之间的矛盾而屡屡受到来自官方的打压而已。至南宋，此学派中又出了集大成式的学者朱熹和南宋心学创始人陆九渊，他们也认为自己的学问与二程存在渊源，程朱理学的影响力在进一步加大。

宋宁宗在位时，程朱理学又一次被卷入政治斗争。由于支持理学的宰相赵汝愚被罢免，其政敌韩侂胄掌权，反对理学的呼声开始高涨起来。理学甚至被斥为伪学，严禁出现在科举考试中，理学家被作为逆党，朝廷还专门列出了包括赵汝愚、朱熹等59人在内的逆党名单，将这些人加以监禁或者是放逐。就是在此期间，朱熹去世。

在韩侂胄北伐失败被杀以后，史弥远成为宰相，理学的地位才开始逐渐恢复。在朱熹去世后的第十年，南宋朝廷追赠朱熹谥号为"文"，称朱文公。两年以后，朱熹的《论语集注》、《孟子集注》被确定为官方法定的读本。程颐、程颢、周敦颐、张载等人也都被追加了谥号，宋宁宗甚至下诏寻访程颐的后人，加以任用。

继宋宁宗之后的宋理宗，早在即位之前，就已经跟随郑清之学习程朱理学了。在其即位后，大力提倡理学，从此程朱理学完全得到官方的认可，成为官学。发展至元代，由程朱一系的学者对儒家经典所作的注释，已经被列为科举考试的程式化内容了。

程朱理学正统地位的最终确立是在明朝。

朱元璋夺取政权后，对科举制度进行了调整，规定科举考试的内容是：初场试《四书》义三道，经义四道。《四书》主朱子《集注》，《易》主程(颐)《传》、朱子《本义》，《书》主蔡(沈)氏《传》及古注疏，《诗》主朱子《集传》，《春秋》主《左氏》、《公羊》、《谷梁》三传，及胡安国、张洽《传》，《礼记》主古注疏。……其文略仿宋经义，然代古人语气为之，体用排偶，谓之"八股"，通谓之"制义"。这里提到的蔡沈是朱熹的学生，可见，考试所指定的参考书，基本都出自程朱一派学者之手。而且，这是首次明确规定以"八股文"的文体答卷，此后一直到清末废除科举考试，八股文一直是标准应试文体。

永乐皇帝即位后，又组织学者编纂了《四书大全》、《五经大全》、《性理大全》等三部官书，以达到对理学统一认识的目的。

在《四书大全》一书的《凡例》中称，所引用的先儒的学说达106家之多，但其中绝大多数都是出自程朱一系的学者，而以朱熹的学生及后学为最多。《性理大全》一书卷首列出的先儒共有120多人，属于程朱理学的学者占到一半以上。由此可见，所谓的"大全"，实际上是程朱理学的"大全"，目的是为了树立程朱理学在理学中的正统地位。从此，程朱理学成为官方意识形态。

在程朱理学成为呆板的官方教条之后，明代理学发展的活力开始逐渐转移到王守仁为代表的心学上来。心学在明代的流行当然是有着多方面原因的，但作为将理学意识形态化和教条化的官方行为的一种民间反动，应该是很重要的原因之一。

王守仁去世后不久，其门徒内部就已经是派系林立了，其中最为极端的学派也是影响最大的学派应首推泰州学派。

泰州学派，因创始人王艮是泰州安丰场（今江苏东台）人而得名。

王艮（1483—1541年），本名王银，师从于王守仁之后，王守仁为他改名为王艮，字汝止，号心斋。王艮家世代为盐户，他11岁时因家贫失学，开始跟着父兄一起干活；19岁开始经商；25岁，因为在山东拜谒孔庙，才立志求学；直到37岁时拜王守仁为师，潜心学习。在王守仁去世后，王艮返回家乡，自立门户，讲学授徒，开创了泰州学派。

泰州学派的学者们的思想虽然不尽相同，但他们却都认为，儒家理想中的圣贤并不是可望而不可及的偶像，而是每个人都可以通过学习而达到的目标，就是社会最下层的农民、商人、工人也都不例外。学习的目的就是要使自己成为圣贤一样的人物。而每个人先天都具有成为圣贤的潜质，通过学习都可以做到这一点。他们甚至提出，对儒家的经典也不应该盲目信从，而是应该用自己的心去体悟、去印证，甚至孔子的话也不全是真理，不能完全用孔子的话来作为评判是非的标准，就是不能"咸以孔子之是非为是非"。显然，这种思想在当时已经有离经叛道之嫌了。因此，泰州学派的学者们大多受到过当权者的迫害，甚至被捕入狱、惨遭拷打。

在程朱理学成为科举考试的标准答案，越来越多的读书人仅将理学视为通过科举考试进入官场的敲门砖时，应该说，泰州学派的这些主张是具有特殊意义的。他们这种偏激的思想主张，其目的恰恰是要保持儒学的活力，避免使之成为空洞僵化的教条。

在当时的思想界看来，泰州学派已经极其偏激，甚至不将之视为王守仁心学的支派，而在泰州学派中，李贽又是一位更为激进的思想家。

李贽（1527—1602年），字卓吾，号笃吾、百泉居士、秃翁等，福建泉州人。

李贽自幼就性格倔强,对当时流行的思想皆抱着一种质疑的态度,用他自己的话来说:"予自幼倔强难化,不信学,不信道,不信仙释。故见道人则恶,见僧则恶,见道学先生则尤恶。"

对于科举考试,李贽也持一种不以为然的态度。在他看来,科举考试不外是要人照抄朱熹的话,临场只要抄抄书,蒙混一下就行了。他准备应试时,也不读什么书,就是挑选了许多篇当时最流行的八股文,每天读熟几篇。据说,到临近考试的前夕,他已经能够背诵五百篇了。他竟然就用这种方法,在26岁那一年考中了举人。

李贽从30岁开始,为了解决生活问题,做了20多年的官。他担任的多是闲差冷职,薪水微薄。在北京任职时,因荒年,二女儿和三女儿竟然相继饿死。在云南姚安知府三年任满后,李贽坚决辞官不做,开始了隐居著述、专心学问的生涯。

1602年,礼部给事中张问达上奏神宗,攻讦李贽,并以"敢倡乱道,惑世诬民"为由逮捕李贽。在狱中,李贽趁为其剃头之际,夺下剃刀,割喉自杀,次日气绝身亡,时年76岁。

李贽是中国古代充满叛逆精神的思想家。他对当时居于官学地位的程朱理学抨击得不遗余力。在《童心说》中,李贽提出,童心是最纯最真的,是人的本心。如果失去了童心,那便失去了真心。失去真心,

李贽画像

便不是真人。由此出发，李贽对当时的那些所谓的道学家进行了批判，认为他们的穿着虽然很儒雅，但实际上行为和狗没什么区别，嘴上谈论着道德，实际上心中却想着功名利禄。他们都是伪君子，仁义道德不过是掩盖他们卑鄙龌龊的假面具。

王守仁的心学与程朱理学之间的分歧，还只是理学不同学派之间的差异，而不同学派间的论辩与争鸣，正是理学活力的源泉之一。泰州学派已经走向了对程朱理学的否定，连带着也包含对理学官学地位的否定。而到了李贽这里，就已经发展为对理学整体上的全面否定了。从心学到泰州学派，再到李贽，我们可以清晰地看出一条逐渐与理学决裂的思想界对理学的反动之路。

当理学成为官学并因而日益教条化之后，不仅存在着上述源于理学的对理学的反动，作为对理学的另一种反动，思想界还兴起了理学之外的其他学派。

理学的反动：乾嘉考据学

理学是在否定汉代对儒家经典的注疏之学的基础上发展起来的，至清代，作为对理学的一种反动，出现了提倡复兴汉代注疏之学的学派，此学派因而被称为"汉学"。由于其研究经典的方法主要是考据法，也被称为考据学派。因其在清代的乾隆、嘉庆两朝达于极盛，也被称为乾嘉学派，或乾嘉考据学。因为其治学的风格朴实无华，也被称为朴学。

乾嘉考据学继承了古代经学家考据训诂的方法并加以发展，在以此方法研究经学以外，还扩及到史学等其他领域，无论在经学、史学、音韵、文字、训诂，还是在金石、地理、天文、历法、数学等方面都成就斐然。

乾嘉考据学又可以分为吴派和皖派。

吴派治学的方法，重在搜集汉儒的经学，其考据的落脚点在于回到汉代经学的学说中去，认为汉代"近古"，汉儒治学守家法，不以自己的臆想妄加引申，因而是最可凭信的。与汉代的注疏之学一样，吴派也重视研究名物训诂、典章制度。皖派则不盲从汉儒，治学特点是从文字、音韵入手，来分析古书的内容和涵义。相比而言，皖派更重视思想和理论。

吴派，因创始人惠栋是江苏吴县（今江苏苏州）人而得名。

惠栋（1697—1758年），字定宇，号松崖，学者称小红豆先生。他是乾嘉年间第一位公开打出汉学旗帜和宋学对立的学者。

惠栋祖父惠周惕，父亲惠士奇皆治《易》学，惠栋继承了家学传统，自幼博览群书，经、史、子、集以及佛、道等书无所不看。1720年，惠士奇任广东学政，惠栋随父前往，停留于广东数载。期间与有惠门四子之称的罗天尺、何梦瑶、陈海、苏珥探讨学问，切磋经学。1737年惠士奇被任命为翰林院侍读，但因年老体衰，于1741年去世，不久惠栋母也随之去世。父母双亡使得惠栋的家境更加败落。但是惠栋并没有因为艰辛的生活而放弃治学，中年时以收徒教书维持生计。

1744年，已经48岁的惠栋参加乡试，但是因为考试时用《汉书》而不是《四书集注》立论，被考官废除了他的考试资格。自此，惠栋对科举失望之至。此后，惠栋曾前往扬州担任两淮盐运使卢见曾的幕僚，帮助卢见曾刊印《雅雨堂丛书》，并为其作序。1758年，惠栋返回故乡，同年5月去世。

惠栋除了对考据学的贡献之外，思想方面还提倡通经致用，并对理学进行激烈的批判。

吴派著名的学者还有江声、江藩、王鸣盛。

江声（1721—1799年），本字涛、改字叔瀛，号艮庭、鳄涛。原籍安徽休宁，侨寓江苏元和（今吴县）。少年时江声和兄长江筠一起读《尚书》时，对古今文不同感到奇怪，并怀疑《孔传》不是孔安国所作。35岁起，师从惠栋，

惠栋画像

于经学、文字学均有建树。41岁时读惠栋所著《古文尚书考》以及阎若璩的《古文尚书疏证》后，认为梅赜所献《古文尚书》系伪造，并旁征博引，作《尚书集注音疏》，更正了秦人隶书以及唐开元石经改易古字的错误，在文字训诂学方面做出了巨大的贡献。1796年，朝廷诏令开孝廉科，江苏巡抚举荐江声，赐六品顶戴。

江藩（1761—1831年），字子屏，号郑堂，晚年号节甫，江苏甘泉（今江苏扬州）人。因其父江起栋到吴县经商，江藩是在吴县出生的。江藩师从江声学习七经、三史及许慎的《说文解字》。因家境富有，藏书总计三万余卷。但在江藩26岁时，江南大灾，再加上父亲去世，家道中落，江藩不得不以书易米。1791年以后，江藩多次参加科举考试，却始终名落孙山。1818年，受两广总督阮元之邀，南下广东，协助修《广东通志》，并在阮元的帮助下刊印了自己的著作《汉学师承记》及《经师经义目录》。晚年的江藩生活极其艰难，差点流落街头。1829年，已是风烛残年的江藩回归故里，于1831年去世。江藩的《汉学师承记》正式宣布汉学是清代学术的主流，是第一次系统地建立清代经学系谱的尝试。

王鸣盛（1722—1797年），字凤喈，一字礼堂，别号西庄，晚年改号为西沚，江苏嘉定（今上海）人，著有《十七史商榷》。王鸣盛自幼被称为神童。17岁时补为县学生。乡试中副榜，并进入苏州紫阳书院就读。1754年，以一甲第二名成绩中进士，为翰林院编修。1759年被任命为福建乡试主考官，并选为内阁学士兼礼部侍郎。1763年，母亲去世，王鸣盛遂辞官，移居苏州，从此闭门读书，专心学术研究，直到去世。

王鸣盛提出了以求真为目的的治史宗旨，主张实证的治史方法，并全面运用各种校勘方法校勘史籍，同时还注意探讨史籍致误原由，并归纳总结出"误例"，以供后人参考。

他反对孔子的"《春秋》笔削大义微言"和宋明理学家的"驰骋议论，以明法戒"的传统。

考据学中的皖派，因创始人戴震是安徽人而得名。

戴震（1723—1777年），字东源，号杲溪，安徽徽州休宁隆阜（今安徽黄山市）人。

戴震出生在腊月，但是出生之时，竟是雷声震天，因此其父戴弁为其取名为震。戴震自幼聪明伶俐，看书常常有自己的思考。十多岁时，读《大学章句》，问其私塾老师，为何知道"孔子之言而曾子述之"，"曾子之意而门人记之"？老师回答道，是朱熹所说。戴震反问道，周朝至宋有2000年之久，朱熹是怎样知道这些事的？老师被问得哑口无言。

18岁随父亲客于江西南丰，开始依靠教书维持生计。两年后，回到家乡，教书之时，坚持研究学问，在天文、历史、地理、数学等方面都有相当深的造诣。虽然戴震学术造诣很高，但在科场上却不是那么顺利，29岁始中秀才，40岁才中乡试举人，会试连续六次不中。1773年《四库全书》开馆编书，戴震破格被提升为纂修官。直到1775年，53岁的戴震通过朝廷拣选会试下第举人，特命参加殿试，赐同进士出身，授翰林院庶吉士，两年后病逝。

戴震批判理学的"存天理，灭人欲"思想，对晚清思想界产

戴震画像

生了深远的影响，他被梁启超和胡适称为中国近代科学界的先驱者。

皖派著名的学者还有段玉裁和王念孙、王引之父子。

段玉裁（1735—1815年），字若膺，号懋堂，晚年又号砚北居士、长塘湖居士、侨吴老人，江苏金坛人。

段玉裁25岁中举，在国子监担任教习，多次参加会试，皆不中。1770年以后，做过几任地方上的小官。58岁时移居苏州阊门外之枝园，次年不幸摔坏右腿，从此残疾。1815年9月，在贫病交加中去世。

段玉裁师从戴震，研究文字训诂音韵之学，代表作是其用了近30年时间写成的《说文解字注》。《说文解字注》将考订文字、声音、训诂三方面的价值阐发得淋漓尽致，并提出许多研究词义的方法，对汉语训诂学的发展开拓了新的内容和新的门径，这标志着中国语言研究已进入近代语言的革命阶段，是一个划时代的里程碑。

王念孙（1744—1832年），字怀祖，自号石臞（qú），江苏高邮人。王念孙生平笃守经训，个性正直，好古精审，当时与钱大昕、邵晋涵、卢文弨、刘台拱并称为"五君子"。

王念孙自小师从戴震。1757年其父去世后，王念孙返回故乡高邮，边研究学问，边参加科举考试。直到1775年，考中殿试二甲第七名，任翰林院庶吉士。此后相继担任工部主事、工部郎中、陕西道御史、吏科给事中、山东运河道、直隶永定河道等官职。1810年罢职后，在北京安度晚年，以读书为乐，1832年卒于北京寓所，终年89岁。代表作《广雅疏证》，对中国古代训诂学的发展，作出了很大的贡献。此外，王念孙古籍校勘方面也颇多建树。

王引之（1766—1834年），字伯申，号曼卿，江苏高邮人，王念孙长子，父子两人并称"高邮二王"。1799年，王引之考中一甲第三名进士，授翰林院编修。历任河南学政、山东学政、礼部侍郎、尚书等职。

王引之继承家学，专门研究音韵、文字、训诂之学。在校勘方面的主要贡献有：以小学校勘经学，即用声音、文学、训诂之学来校经学，校古籍；以形成虚词学、语法学的初步理念来校勘，王引之将其父关于虚词学和词章学的理论进一步发展，提出了科学阐述的校勘理念；用近代的实验方法来进行校勘，王引之将西方传入的科学用到校勘学上，富有创造精神。

理学的反动:明清实学

实学的内涵,在不同历史时期不尽相同。最早提出这一概念的,正是程朱理学的开创者程颐。但在程颐那里,实学指的是儒家的经学,这是相对于佛道二教,或谈"空",或谈"无",而认为儒家学说才是经世致用的真实学问。此后,理学家们虽然也使用实学这一概念,并像程颐那样,用来指儒家学说,甚至是指理学,但这一概念在南宋以后,在思想界更多地是用以指经世致用之学。

经世致用、内圣外王原本就是儒家学说的重要内涵之一,但是,随着义理之学具有越来越浓重的哲学色彩,与现实政治脱节,提倡经世致用的实学就渐渐从占主流的理学大潮中分离出来,成为独立的学派。

早在理学风行于思想界的南宋,就已经出现了强调实学的学派,因为主要流行于浙江东部,因此学界通常称之为浙东事功学派。而浙东事功学派的思想渊源,甚至可以上溯至北宋初年理学兴起之时的胡瑗、范仲淹、欧阳修、王安石等人的思想学说。

与北宋强调外王、经世的那些思想家一样,南宋的浙东事功学派,在政治上主张革除弊政,实行改革;在军事上主张抗击外族入侵,反对妥协求和;在经济上主张扶持商人,反对重农抑商;在学术上反对空谈所谓的性命义理,强调研究经世致用之学。在当时,他们对于朱熹的理学、陆九渊的心学，都是持批判态度的。

浙东事功学派的代表，主要是以陈亮为代表的永康学派和以叶适为代表的永嘉学派。

陈亮（1143—1194年），字同甫，亦作同父，号龙川，婺州永康（今浙江永康）人。陈亮在年轻时代就喜欢谈论军事问题，他坚决反对同金朝议和，主张坚持抗金。1169年，曾先后五次上疏宋孝宗，要求改革弊政，对金朝复仇，并批评当时读书人中流行空谈性命义理的风气，却未被采纳。

陈亮的一生十分坎坷，屡遭奸人陷害，三次下狱。至1193年考中状元，授建康军节度判官公事，但还没来得及赴任，就病死于家中。

陈亮与朱熹、陆九渊是同时代人，但对于二者的学问皆不感兴趣。他倡导实事实效，从不讳言功利，并以功利作为自己理论的出发点。陈亮强调，理和欲是统一的，不可分割的，正如同人们无法离开物质条件来生活一样，功利和道德也是统一而不可分割的。从功利的原则出发，"事功"，即对国家社会是否作出了贡献，应该作为评价历史人物的主要标准。

永嘉学派的创始人是薛季宣，经陈傅良的继承和发展，到叶适成为集大成者。

叶适（1150—1223年），字正则，温州永嘉（今浙江温州市）人，中年以后定居永嘉城郊的水心村，因此被称为水心先生。

叶适于1178年中进士第二名，也就是俗称的榜眼。曾任平江节度推官、知蕲州、吏部侍郎、太常博士、国子司业、显谟阁学士等职。叶适因积极支持韩侂胄的北伐，在韩侂胄被杀后，叶适也被免官。以后叶适回到家乡，专心从事著述和讲学。

叶适强调研究现实问题，所以在土地、货币、税收、工商、兵制、北伐、官制、吏治等许多问题上，都发表了建设性意见。叶适认为，传统儒家强调义利之辨，实际上，义不可以离开利，应该以利和义，不应该以义抑利，就是说，应该将两者统一起来，而不应该将两者对立起来。在叶适看来，仁义的价值也必须通过功利才能够得到体现，没有功利，仁义也就成了没有内容的空话。

王守仁去世以后，心学越来越趋于禅化，作为对空谈心性的理学的反动，明代中期以后，提倡实学开始成为思想界的一个新的动向。至明朝末期，以东林学派为代表，提倡实学成为思想界最重要的新思潮。

以顾宪成、高攀龙为代表的东林派学者认为，"平时袖手谈心性，临危一死报君王"的理学家们，是"以学术杀天下"。高攀龙甚至提出："学问通不得百姓日用，便不是学问。"作为自民间兴起的新思潮，实学派一开始就与官方、权贵持对立的态度，要求对朝政进行改革，并在政治、经济、学术、文化等方面提出了自己的一系列主张。最具代表性的学者，就是被后世称为明末清初三大思想家的黄宗羲、顾炎武和王夫之。

黄宗羲（1610—1695年），字太冲，号南雷，又号梨洲，也被学者们称为梨洲先生，浙江余姚人。

年轻时投身于士林与阉党的斗争，在南明小朝廷时，黄宗羲与其同学共计140人联名写了《南都防乱揭》，痛斥阉党马士英和阮大铖的罪行，因而遭到追捕，差一点儿被杀。清军入关后，黄宗羲在家乡集合子弟数百人，组成"世忠营"从事抗清活动。后来又随鲁王监国起事舟山海上，坚持抗清。反清斗争最终失败后，黄宗羲随母亲返回家乡，此后潜心著述。主要著作有《明儒学案》、《明夷待访录》等。

黄宗羲的思想中，最重要的是民本主义思想。黄宗羲视君主制为社会发展的障碍，认为专制君主是"天下之大害"，因此，他提出了一系列削弱和限制君主专制的方法。正是这种思想，使黄宗羲被当代学者誉为中国启蒙思想之父。黄宗羲反对一直以来的重农抑商的传统，提出了工商皆本的主张。他主张将学校发展为议政机关。提出废除科举考试，全面地选举各个领域的人才，以经世致用的教育思想对之进行培养，使其学以致用。

明末清初的另一位著名思想家顾炎武，不论是人生经历还是思想，都与黄宗羲有相似之处。

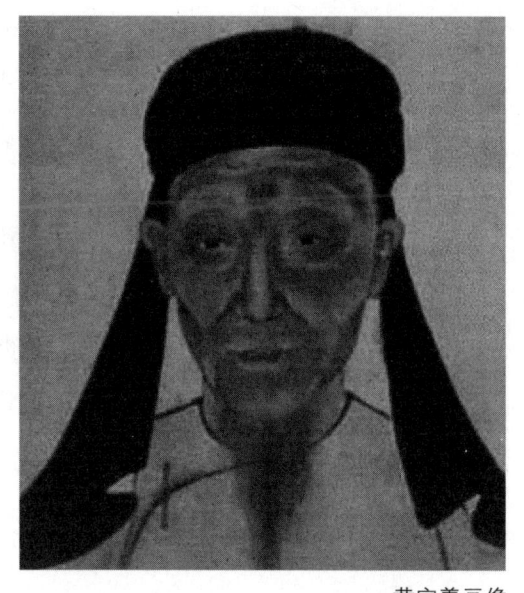
黄宗羲画像

顾炎武（1613—1682年），原名绛，字忠清。明亡后，改名炎武，字宁人。后因仇家揭发，为避灾祸，化名蒋山佣，学者尊称他为亭林先生。江苏昆山人。

在27岁科举考试失利后，顾炎武退而读书，着手搜集古代史书中有关地理沿革的记载，并对当时的社会经济生活进行深入调查，开始转向实学之路。清兵入关后，顾炎武曾出任南明兵部司务，在太湖一带参加了反清起义和昆山保卫战。此后十余年间，一直在南京、苏州及太湖沿岸各地奔波，从事反清复明

黄宗羲墓

顾炎武画像

事业。1655年以后,顾炎武为避祸北上,并考察中国北部山川形势,以图光复明朝的大业。其间,曾因受陷害入狱七个月。其对各地的考察和游历一直持续到其去世前不久。主要著作有《日知录》、《天下郡国利病书》等。

顾炎武指责理学家不学六艺,一味地空谈心性,脱离实际,导致了士人置国家大事于不顾,并认为心学并不是儒家正统,不符合孔孟的言论,实际上和老庄、禅学没什么区别。对心学和程朱理学进行批判后,顾炎武继而提出用经学来取代理学的主张,认为经学就是理学,真正的古代理学应当是风格朴实、注重务实的经学,应提倡学以致用,将学术研究同解决现实问题联系起来。

顾炎武经世致用的思想主要表现在他的读书和实地考察两方面。顾炎武14岁以前,已经阅遍《左传》、《国语》、《战国策》、《史记》、《资治通鉴》等书,科举失败后,又大量搜集古代史书中有关地理沿革的材料。另外,有关天文、地理、国计民生的书籍他没有不读的。在阅读书籍,掌握二手资料的基础上,顾炎武在抗清失败后,又遍访中国北部山川,实地考察各地的风土民生。在著述时,用大量的史料和实地考察的资料进行佐证,希望能对现实民生问题的改善起到借鉴作用。

黄宗羲、顾炎武等学者的实学思想,对清代具有比较大的影响,在清代提倡这种主张的,我们至少还可以举出颜元、章学诚和阮元。

颜元(1635—1704年),字易直,又字浑然,号习斋,清代直隶博野(今河北安国县）人。颜元幼年时父亲从军、战亡，母亲改嫁。他8岁时跟随吴洞云学习，吴洞云能骑、射、剑、戟，精战守机宜，通医术，又长于术数。因此，颜元从小所受的教育和锻炼就比较全面，并且与当时流行的理学家的培养模式完全不同。从11岁开始，颜元学习八股文，并在19岁时考上了秀才，但是他对此却不是很喜欢。21岁时读司马光的《资治通鉴》后，便放弃了八股，从此无意于仕途，一生也没有做过官。

颜元22岁开始学医，24岁开始设私塾，教授学生，并同时治病救人。在此期间，颜元开始接触到陆九渊、王阳明的语录，并对心学和程朱理学都极为喜欢。颜元34岁时，祖母病逝，颜元按照朱熹的《文公家礼》中的要求为祖母守丧，结果搞得连病带饿，几乎病死。颜元从此走上了批判理学、主张恢复周孔之道的道路，并提出自己的实学思想。

颜元在62岁时，在肥乡漳南书院任主讲，一反当时的学制，设立文事、武备、经史、艺能等科，拟培养全面的实用人才。八年后，颜元去世，其弟子李塨继续传播他的学问。后人用两人的姓氏，称这一实学的学派为颜李学派。

章学诚（1738—1801年），原名文酕，字实斋，号少岩，浙江会稽（今浙江绍兴）人。

章学诚20岁后，博览群书，尤其是史书，并有独到的见解。此后，数次参加科举考试，皆未考中。从32岁起，因父亡而只能依靠讲学和修志所得费用维持生活，到处颠沛流离，生活十分拮据。41岁时中进士，但章学诚认为自己不合时俗，不愿意作官，只是在保定、定州、归德等地的书院讲学，以维持生计。

章学诚学识渊博，对历史学有特殊贡献，提出"六经皆史"的命题，其最著名的著作为《文史通义》。章学诚反对漫无目的的考索和空谈义理，强调学术研究要和实际情况联系在一起。

阮元（1764—1849年），字伯元，号云台，江苏仪征人。阮元生于官宦世家，接受了良好的教育。1789年阮元考中进士，在翰林院任庶吉士，因得到乾隆皇帝的赏识而升任少詹事，自此平步青云，先后任提督山东学政、浙江学政、户部左侍郎、浙江巡抚等职。

1814年任江西巡抚，因捕治逆匪胡秉耀有功，加太子少保。1817年任两广总督，建议查禁鸦片。后迁任云贵总督。1835年回朝，拜体仁阁大学士，管理刑部。1838年因年老多病，上书请求返回扬州定居，得到道光皇帝的批准，给半俸，加太子太保衔。1849年死于扬州康山私宅，谥文达，享年86岁。

阮元继承了清初以来的实学思想，以实事求是作为自己的治学宗旨。不仅在学术上反对空谈心性，提倡文字训诂、考辨义理，恢复经典原貌，而且还强调学术和实践的统一，主张要多关注"家国天下之事"。

在清末，实学传统渐渐与了解世界的新思想相结合，成为近代中国学习西方进行改革的先声。而在此过程中，西学东渐对中国实学的发展无疑起到了促进作用。

西学东渐至"五四"运动

西学是指西方的学术思想和科学文化知识，这些思想和文化向中国传播的过程就是西学东渐。明清之际，西学东渐是中国思想史上具有划时代意义的一件大事。

明末清初是西学东渐的第一阶段。在这一时期，大量耶稣会传教士来到中国，西方文化随之大规模传入中国，在中国思想界引起巨大反响。在这一过程中，利玛窦开创的"学术传教"起到了非常巨大的作用。

1583年意大利耶稣会士利玛窦来到中国，从肇庆开始传教。1600年进入北京，他结识了徐光启、李之藻、杨廷筠等开明士大夫。在徐光启的建议下，利玛窦开始了他的"学术传教"之路。

所谓"学术传教"，不过是以迎合中国文化习俗的方式，利用西方科学文化知识，争取士大夫阶层的认同，伺机打入宫廷，甚至归化皇帝，根本目的还是在中国传播天主教。但是，传教的目的没有达到，反而无心插柳，掀起了一股西学东渐的热潮。

1605年，利玛窦辑《乾坤体义》，被《四库全书》编纂者称为"西学传入中国之始"。当时西学的传入，是从历法、天文、地理开始，主要以传教士和明末一批开明士大夫对西方科学著作的翻译为主。据统计，与利玛窦交往的士大夫有140多人，在华耶稣会士的汉文译著有430多种，涵

徐光启与利玛窦

盖宗教、天文、历法、哲学、伦理、语言文字、物理、数学、医学等自然科学和人文科学的众多学科。

此后来华的传教士们基本继承这一方式,汤若望、南怀仁等更是个中翘楚,在清初实学思潮中,迎合康熙等皇帝的西学兴趣,开创了清初四十年西学东渐的黄金期。

明末清初的西学东渐,打开了中国了解世界的窗口,造就了东西文化的第一次大碰撞。大量西方文化和科学技术传入中国,中国的皇帝和士大夫也表现出对西方文化的兴趣,但是对基督教的不认可依然没变,思想上对西学的蔑视依然如故。最后，由于雍正的禁教，以及罗马教廷对来华传教政策的改变，这一阶段大规模的西学东渐也随之中断，但是西学并未禁绝。

从19世纪中叶开始，西学开始再度传入中国。但是这一阶段西学东渐的产生背景有些沉重。当年那个引起西方世界震惊和仰慕的大国，如今已是暮霭沉沉，死气一片。1840年以后的中国，不再是那个让伏尔泰顶礼膜拜的中国，不再是路易十四当年追捧的时尚中国，而是被西方列强坚船利炮轰开国门的中国。这时的西学东渐，是西方文化的侵略，也是救亡图存的中国人不得已而为之的选择。

鸦片战争之后，闭关锁国的中国被迫打开国门，西学再次走进中国人的视线。面对列强的侵略，有识之士不再躲进小楼成一统，而是逐渐张开眼看世界。林则徐被称为中国近代"睁眼看世界的第一人"，因为他组织人编译了《四国志》一书，告诉当时的中国人世界有多大。而魏源的《海国图志》继承了林则徐"师夷长技以制夷"的思想。林则徐、魏源等开明的中国人面对西方文化，不是避忌不提，而是想知己知彼，发奋图强。

1860年开始，清政府支持发展洋务运动，促使西方的科学技术再一次传入中国。洋务派提出以"中学为体，西学为用"的态度来面对西学，因此主要关注西方先进的科学和技术设备，而不是对西方的思想文化、政治制度加以学习。

甲午战争以后，中国面临着国破家亡的危机，许多有识之士开始全面学习西方。梁启超、康有为、谭嗣同等思想家提出，中国向西方学习自然科学的同时，政治上也要学习西方。这时传入中国的西方知识多转译自日本，许多留学生出洋也是到日本。

最初传播西学的主要是传教士，例如利玛窦、汤若望等人，但随着中国人对世界的了解和接触，出洋的中国人成为西学东渐的主要纽带。这些中国人有的是旅行家,有的是商人,也有外交官,但是发挥最大作用的是留学生。大量留学生接受西方教育,直接了解西方文化,更有利于将西学传入中国。

西学东渐对中国传统思想转变为现代哲学起到了重要作用,物质、精神、唯心论、唯物论等哲学概念被引入中国,进化观念对中国哲学思想产生重大影响。《辨学启蒙》、《穆勒名学》等书介绍了西方的演绎、归纳等逻辑概念。梁启超、蔡元培等书介绍了西方的演绎、归纳等逻辑概念。梁启超、蔡元培等人对伦理学影响很大,他们强调新的伦理道德观。政治思想方面,魏源、徐继畬、王韬、郑观应等人都极其推崇西方的民主制度和议会制度。西学东渐还冲击了中国传统"经、史、子、集"的学术框架。实践方面,戊戌维新、晚清新政、立宪运动、辛亥革命、议会制、五四运动、联省自治运动、北伐统一等活动以及共产党的革命,都是受到西学东渐思潮的重大影响。

在西学东渐浪潮的冲击下,中国思想界发生了翻天覆地的变化,最终完成了由传统向现代的转型,中国思想界的发展最终进入了一个新时代。